자르지 않고 한 장으로 접는
파충류·양서류 종이접기

후지모토 무네지

파충류·양서류 종이접기 세계에 오신 것을 환영합니다.

세상에는 개성 넘치고 매력적인 파충류와 양서류가 살고 있습니다.
얼핏 보면 '무섭다', '징그럽다'고 여기기 쉬운데,
실은 환경에 맞게 진화를 거듭해온 놀라운 생명체입니다.
이 책은 종이 한 장을 오리지 않고 접어서 다양한 동물을
생동감 있게 표현합니다.
마지막 장에 디자인 색종이가 수록되어 있으니
화려한 색깔의 파충류와 양서류도 접어보세요.
이제 색종이를 준비하고 파충류 · 양서류 종이접기에 도전하세요!

작품 소개

- 004 올챙이, 다리 달린 올챙이, 꼬리 달린 개구리, 개구리
- 005 빨간눈청개구리, 자라, 붉은귀거북
- 006 도롱뇽, 일본장수도롱뇽
- 007 일본얼룩배영원, 우파루파
- 008 표범도마뱀붙이, 도마뱀붙이, 땅거북
- 009 뱀, 카멜레온
- 010 도마뱀, 그린에놀, 가시꼬리도마뱀
- 011 턱수염도마뱀, 목도리도마뱀
- 012 디자인 색종이로 접은 생물들

종이접기

- 014 기본 종이접기 방법 및 기호
- 016 기본 보조선을 만드는 방법
- 022 자주 사용하는 발 접기
- 023 올챙이, 다리 달린 올챙이
- 025 개구리
- 029 꼬리 달린 개구리
- 031 빨간눈청개구리
- 035 뱀
- 038 붉은귀거북
- 043 자라
- 044 땅거북
- 050 도마뱀붙이
- 053 우파루파
- 057 도롱뇽
- 062 일본얼룩배영원
- 064 일본장수도롱뇽
- 069 도마뱀
- 074 그린에놀
- 075 표범도마뱀붙이
- 078 가시꼬리도마뱀
- 081 턱수염도마뱀
- 086 목도리도마뱀
- 091 카멜레온

Tadpole

올챙이

아주 단순한 형태의 올챙이입니다.
다리가 생긴 모습도 표현했어요.

만드는 법　　023
난 이 도　　올챙이 ★
　　　　　　다리 달린 올챙이 ★★

Frog

개구리

툭 튀어나온 눈과 길게 접힌 뒷다리를 표현했어요.
아직 꼬리가 남은 개구리도 만들어보세요.

만드는 법　　개구리 025　꼬리 달린 개구리 029
난 이 도　　개구리 ★★★★
　　　　　　꼬리 달린 개구리 ★★★★

Red-eyed tree frog

빨간눈청개구리

풀색과 살구색의 양면 색종이로 붉은 발과 눈을 표현했어요.

만드는 법　　031
난 이 도　　★★★★★

Soft-shelled turtle

자라

뾰족한 입과 평평한 등딱지를 표현했어요.

만드는 법　　043
난 이 도　　★★★★

Common slider

붉은귀거북

초록색과 빨간색의 양면 색종이로 머리의 붉은 무늬를 표현했어요.

만드는 법　　038
난 이 도　　★★★★

Salamander

도롱뇽

작은 발과 약간 튀어나온 눈을 표현했어요.

만드는 법　057
난 이 도　★★★★★

Japanese giant salamander

일본장수도롱뇽

커다란 머리, 작은 발, 납작한 몸통을 표현했어요.

만드는 법　064
난 이 도　★★★★

Japanese fire belly newt

일본얼룩배영원

빨간색과 검정색의 양면 색종이로
붉은 배를 표현했어요.

만드는 법　062
난 이 도　★★★★★

Axolotl

우파루파

머리 양옆 세 쌍의 붉은 아가미를 표현했어요.

만드는 법　053
난 이 도　★★★★

Leopard gecko

> 표범도마뱀붙이

영양분이 가득해 크고 두툼한 꼬리를 표현했어요.

만드는 법　　075
난 이 도　　★★★★★

Gecko

> 도마뱀붙이

평평한 창문도 자유롭게 걸어 다니는 도마뱀붙이입니다.
쫙 펼친 발가락을 표현했어요.

만드는 법　　050
난 이 도　　★★★★★

Tortoise

> 땅거북

우뚝 솟은 등딱지와 단단히 땅을 디딘
발을 표현했어요.

만드는 법　　044
난 이 도　　★★★★★

Snake

```
뱀
```

들어 올린 머리와 두 갈래 혀를 표현했어요.

만드는법　　035
난 이 도　　★★★★

Chameleon

```
카멜레온
```

피부색을 다양하게 바꾸고 혀를 길게 뻗어 먹이를 잡아먹는 것으로 유명한 카멜레온입니다. 독특한 형태, 시야가 넓은 눈, 나뭇가지에 매달리기 쉬운 발을 표현했어요.

만드는법　　091
난 이 도　　★★★★★★

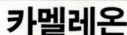

lizard

도마뱀

꼬리가 긴 도마뱀의 기본 형태를 표현했어요.

만드는 법   069
난 이 도   ★★★★★

Green anole

그린에놀

목에 주머니처럼 달린 트랩을 펼친 모습을 표현했어요.

만드는 법   074
난 이 도   ★★★★★

Uromastyx

가시꼬리도마뱀

꼬리에 가시가 많은 아가마과 도마뱀을 표현했어요.

만드는 법   078
난 이 도   ★★★★★★

Bearded dragon

턱수염도마뱀

평평한 몸통, 가느다란 꼬리, 크게 부풀린 턱을 표현했어요.

만드는 법　　081
난 이 도　　★★★★★★

Frilled lizard

목도리도마뱀

위협할 때 펼치는 목도리를 접고 펼 수 있게 표현했어요.

만드는 법　　086
난 이 도　　★★★★★

디자인 색종이로 접으면 평범한 개구리가 독화살개구리로 변신!

Strawberry poison frog
딸기독화살개구리

Blue Poison Frog
푸른독화살개구리

Dyeing poison frog
독화살개구리

Green and black poison frog
그린앤블랙독화살개구리

Yellow-headed poison frog
범불비독화살개구리

땅거북에서 별무늬가 특징인 별거북으로 변신!
다채로운 색깔의 영원과 도롱뇽도 완성!

Star tortoise
별거북

Marbled newt
얼룩무늬영원

Red Salamander
붉은도롱뇽

1 기본 종이접기 방법 및 기호

계곡 접기 선
(앞으로 접는다)

산 접기 선
(뒤로 접는다)

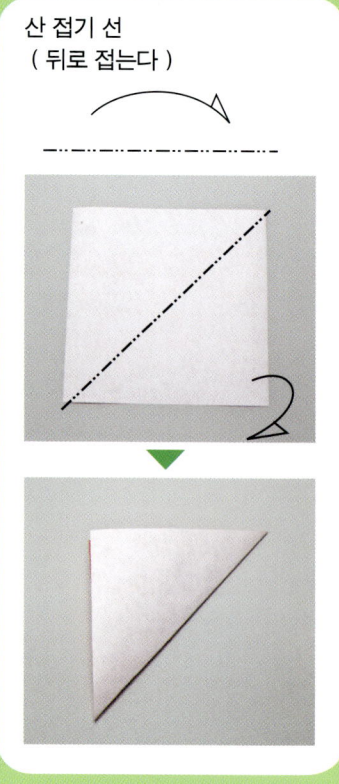

보조선을 만든다
(계곡 접기)

보조선을 만든다
(산 접기)

계단 접기

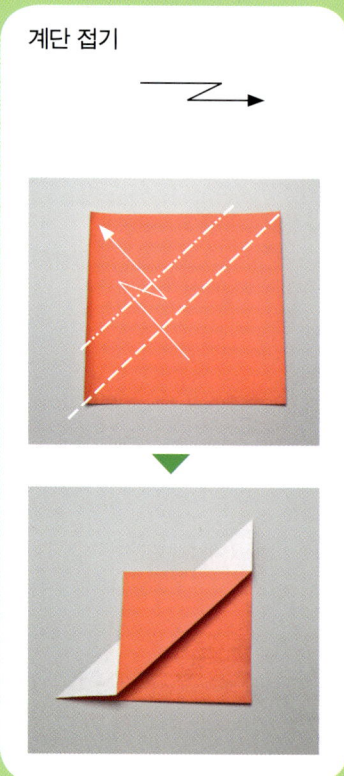

안으로 계단 접기

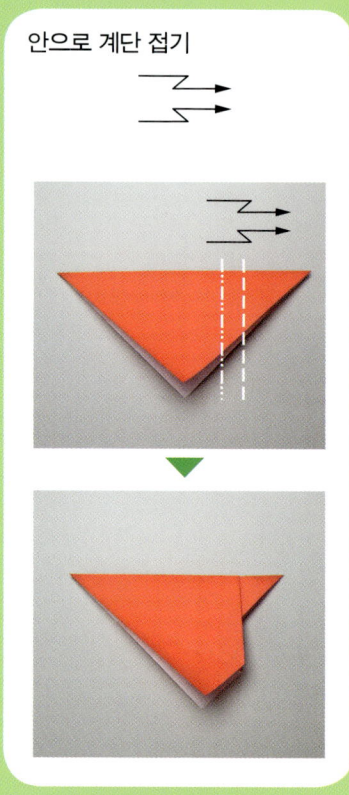

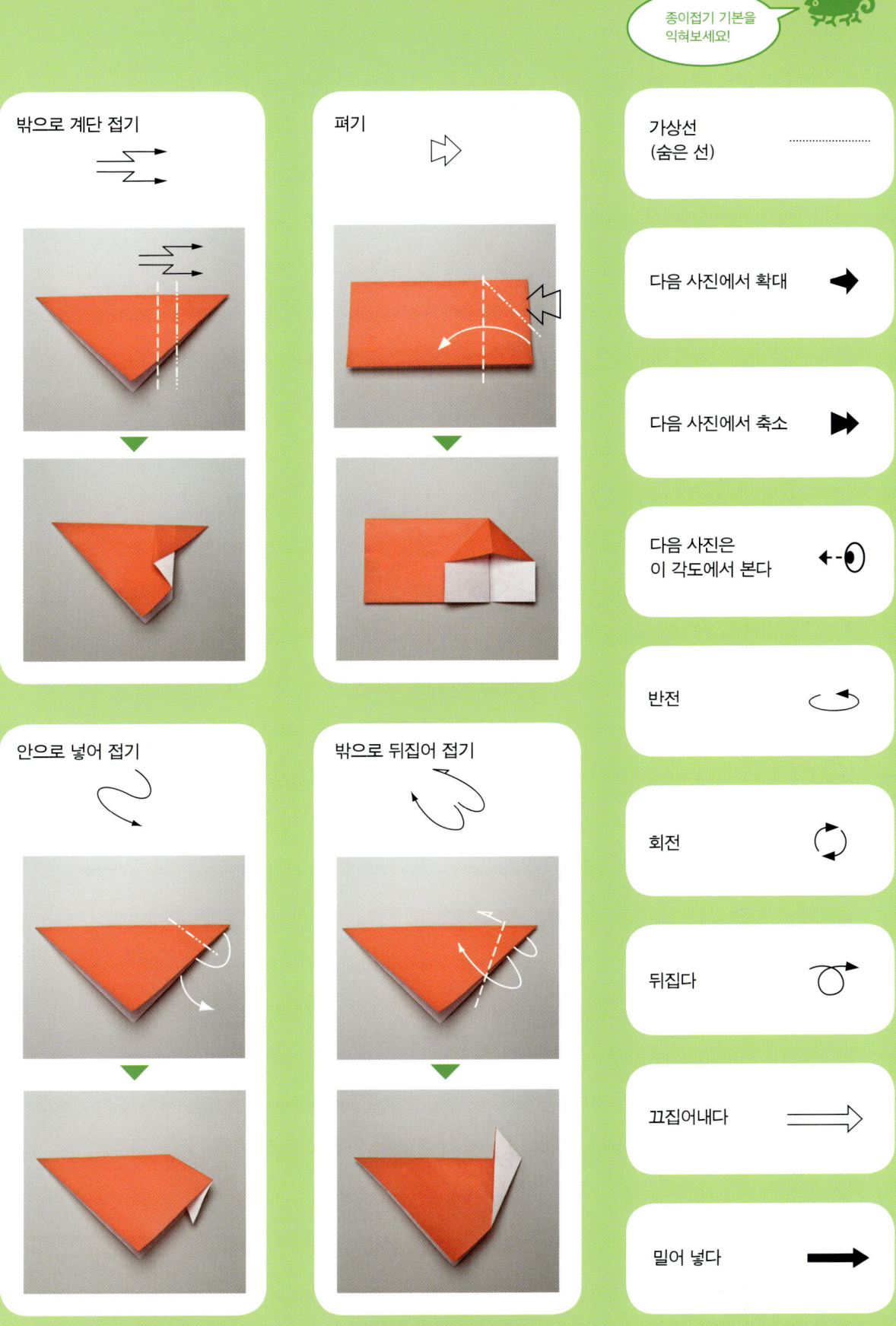

2 기본 보조선을 만드는 방법

보조선은 정확하고 분명하게 만들어요!

보조선A/가로세로 10등분

01 반으로 접는다.

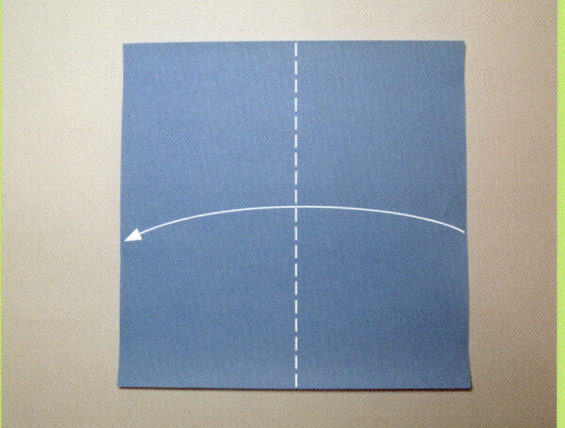

02 5등분으로 보조선을 만들기 위해, ①(1/5)을 대강 잡고 나머지는 반으로 살짝 접는다.

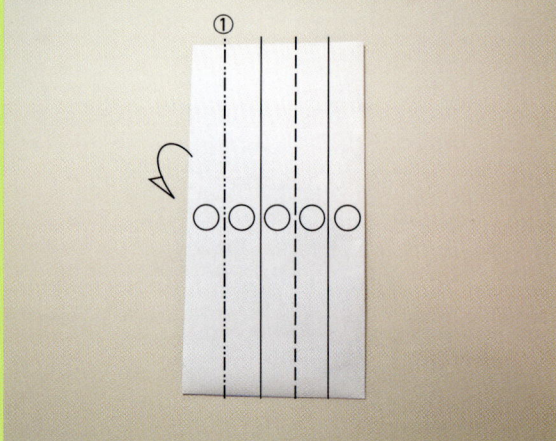

02-2 접은 폭 ○이 같게 조절하며 정확히 접는다.

04 윗면과 아랫면을 맞춘 후, 아랫면의 1/5폭을 접고 반전한다.

03 보조선이 생기면 끝에 1/5 한 칸만 남기고 편다.

02-3 반으로 접는다.

도롱뇽, 일본얼룩배영원, 뱀은 보조선A로 시작합니다.
확실히 익힌 후 원하는 작품을 접어보세요!

05 윗면만 반으로 접는다.

10 모서리를 한 칸만큼 사선으로 접는다.

다음 쪽으로

06 다시 반으로 접는다.

09 반으로 접는다.

07 보조선이 생기면 펼친다.

08 90도 회전한다.

11 세로로 접은 위치를 기준으로 1/5을 접는다.

16 펼친다.

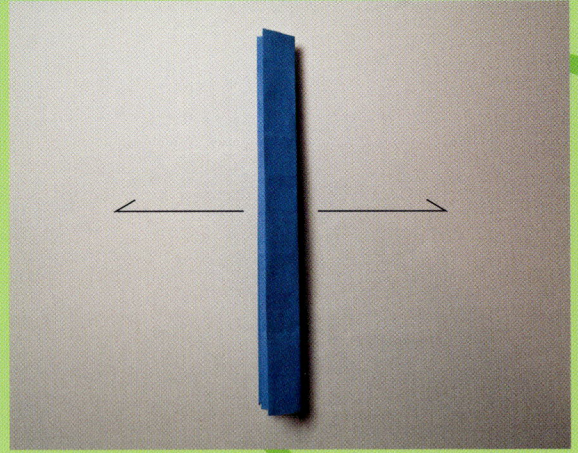

12 반으로 접는다.

15 10 ~ 13 과 같은 방법으로 접는다.

13 다시 반으로 접는다.

14 반전한다.

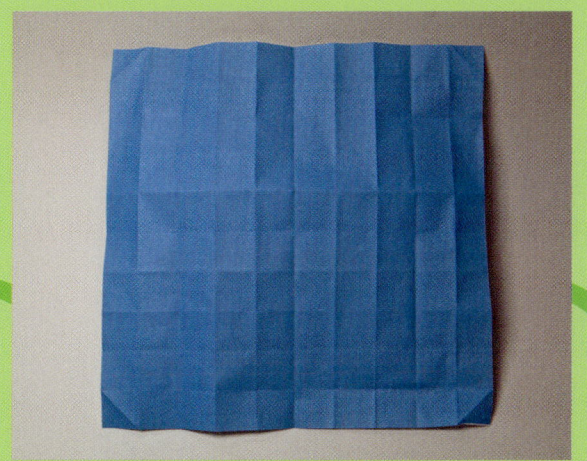

기본 보조선에 따라 작품의 완성도가 달라져요.

가로세로 10등분의 보조선A 완성!

3 기본 보조선을 만드는 방법

보조선B/가로세로 8등분~보조선C/가로세로 16등분

01 반으로 접는다.

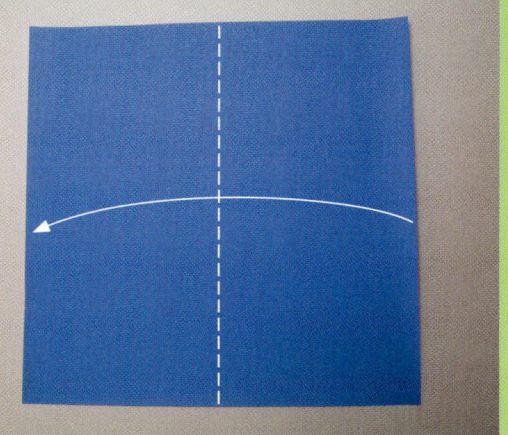

04 반전한다.

다음 쪽으로

02 윗면만 반으로 접는다.

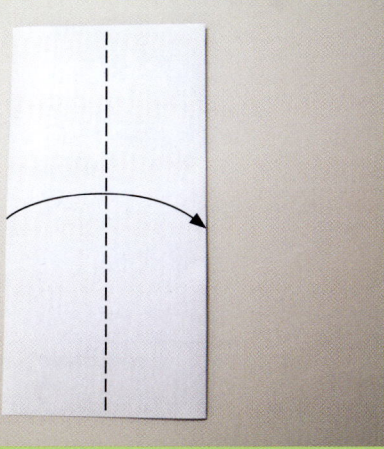

03 다시 반으로 접는다.

12 윗부분도 위에서부터 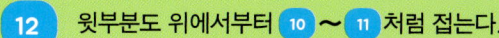 처럼 접는다.

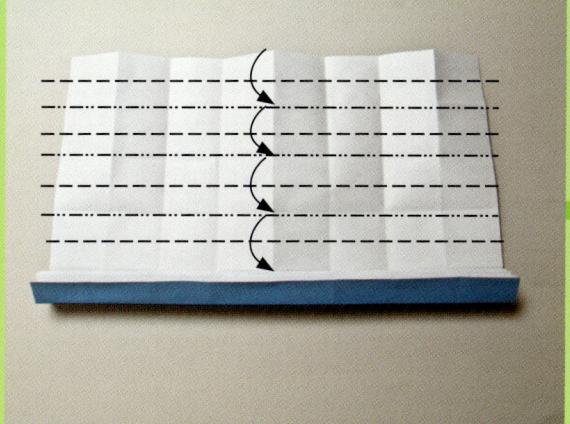

13 보조선이 생기면 펼치고 90도 회전한다.

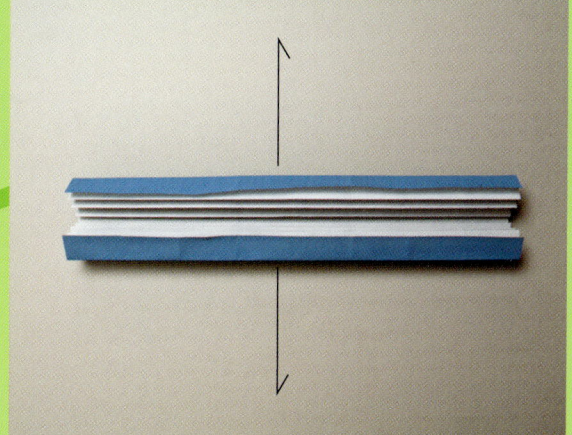

11 앞의 보조선 한 칸을 반으로 접는다.

14 10〜13 과 같은 방법으로 접는다.

10 접기 선(사진의 산 접기 선)에 맞춰 아코디언 접기를 한다.

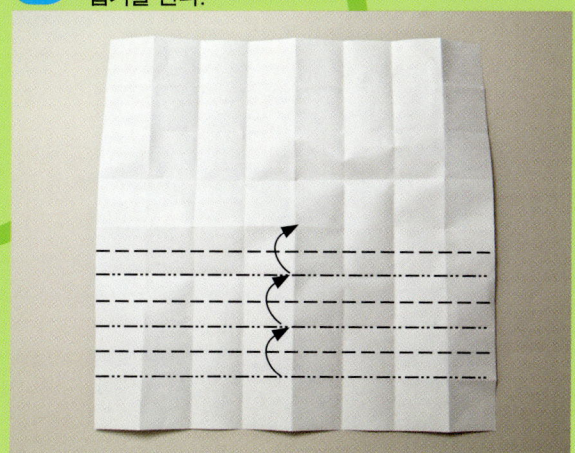

가로세로 16등분의 보조선C 완성!

4 자주 사용하는 발 접기

종류에 따라 발 접기가 달라요.

발접기A

예: 도마뱀

발접기B

예: 개구리

완성!

01 안으로 넣어 접는다.

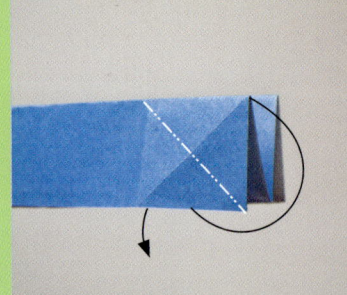

01 사진의 위치에서 안으로 넣어 접는다.

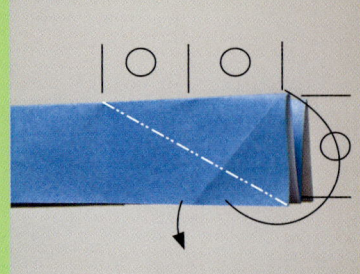

05 앞으로 접어 넣는다.

02 앞에 맞춰 안으로 넣어 접는다.

02 03 을 참고하여 ○의 폭이 같게 안으로 넣어 접는다.

04 뒤도 01 ~ 03 과 같은 방법으로 접는다.

완성!

03 안으로 넣어 접는다.

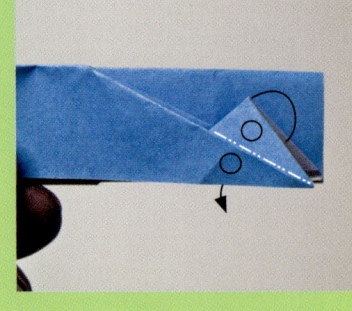

(폈을 때 보조선)

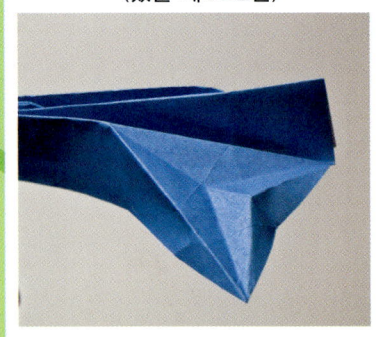

Tadpole

올챙이

| 난 이 도 | 올챙이 ★ 다리 달린 올챙이 ★★ |

보조선 B부터 (올챙이)

01 모서리를 뒤쪽 중심에 맞춰 접는다.

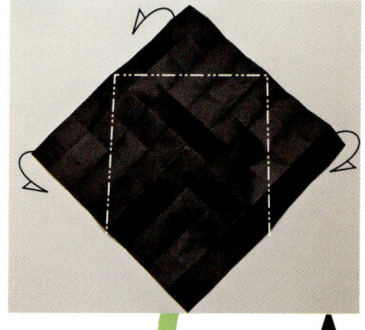

05 ① 보조선을 만든다. ② 편다.

06 보조선대로 접으며 접힌 부분 A를 집어넣는다.

02 접기 선을 이용하여 보조선대로 접어 포갠다.

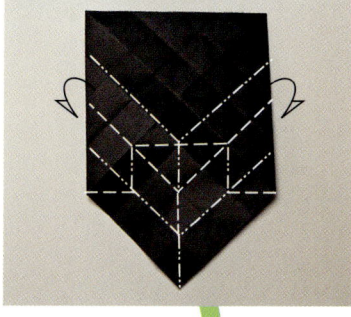

04 사선으로 접는다.

07 왼쪽도 04 ~ 06 과 같은 방법으로 접는다.

02-2 (접어 포개는 중)

03 뒤집는다.

완성!

★★ 다리 달린 올챙이

보조선B부터
(다리 달린 올챙이)

01 모서리를 뒤쪽 중심에 맞춰 접는다.

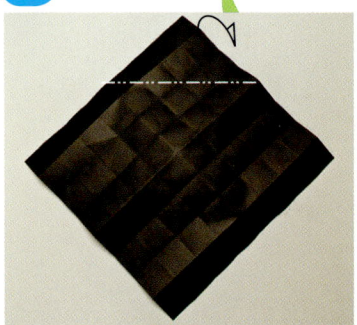

07 ○ 표시 부분을 발 접기 A로 접는다. (22쪽 참고)

08 뒤로 접는다.

02 보조선대로 입체적으로 접어 살짝 포갠다.

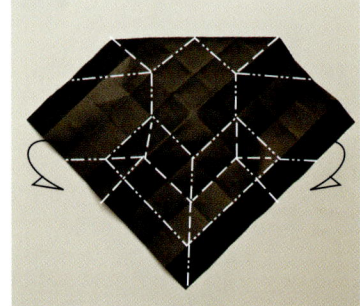

06 다리가 될 부분을 한꺼번에 양쪽으로 접는다.

09 보조선대로 접는다.

02-2 (포개는 중)

05 반대쪽도 **04** 처럼 접는다.

10 발가락을 펼치듯이 접는다.

03 옆에서 본다.

04 보조선대로 아코디언 접기를 한다.

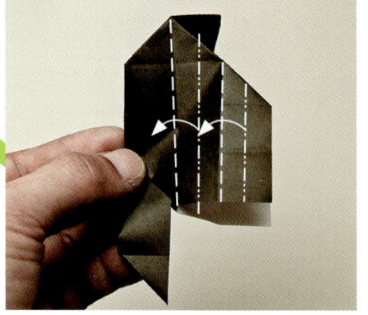

완성!

Frog

개구리

난이도 ★★★★

보조선C부터

※ 디자인 색종이를 사용할 때는 머리 부분을 위로 놓고 접으세요.

01 보조선대로 접는다.

04-2 (접어 포개는 중)

04-3 (접어 포개는 중)

다음 쪽으로

02 사진의 위치에 한꺼번에 보조선을 만든다.

04 보조선대로 접어 포갠다.

03 편다.

025

05 뒤로 밀어 넣듯이 접는다.

11 왼쪽도 06 ~ 10 과 같은 방법으로 접는다.

12 뒤집는다.

06 보조선대로 접는다.

10 각도를 바꿔 계단 접기를 한다.

13 여기부터 17 까지 발 접기 B

안으로 넣어 접는다.

06-2 (접는 중)

09 보조선대로 펴서 포갠다.

14 15 를 참고하여 안으로 넣어 접는다.

07 뒤로 접는다.

08 한꺼번에 뒤로 접는다.

15 안으로 넣어 접는다.

★★★★ 개구리

18 보조선대로 접는다.

19 뒤집어서 180도 회전한다.

26 선 부분을 뒤에서 눌러 봉긋하게 한다.

17 보조선대로 접어 집어넣는다.

20 보조선대로 접어 다리를 앞쪽으로 뺀다.

25 보조선대로 접으며 포갠다.

16 표시 부분도 13 ~ 15 와 같은 방법으로 접는다.

21 발가락을 펼치듯이 접는다.

24 보조선대로 입체적으로 접는다.

15 -2 (안으로 넣어 접는 중)

22 반대쪽 앞다리도 13 ~ 21 과 같은 방법으로 접는다.

23 윗부분을 편다.
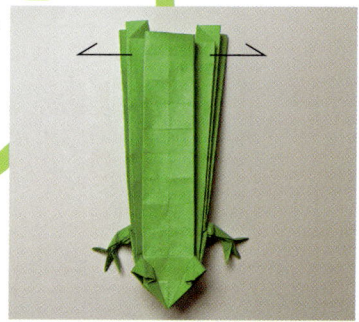

027

★★★★ 개구리

27 A, B가 머리 쪽으로 향하게 보조선대로 접는다.

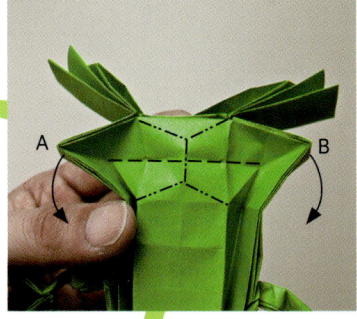

33 뒤로 접는다.

34 발가락을 편다.

27-2 (접는 중)

32 반전해서 180도 회전한다.

35 반대쪽 다리도 30 ~ 34 와 같은 방법으로 접는다.

28 ① 발을 수평으로 이동한다. ② 사진의 위치를 누르듯 포갠다.

31 표시 부분을 발 접기 B로 접는다.

완성!

29 반전한다.

30 계단 접기를 한다.

Frog

꼬리 달린 개구리

| 난 이 도 | ★★★★ |

개구리 22 번부터

※ 05 는 접지 않는다.

01 윗부분을 편다.

02 보조선(접기 선)을 이용하여 계단 접기를 한다.

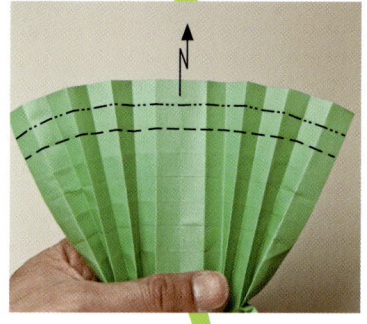

03 한꺼번에 접는다.

06 보조선대로 살짝 포갠다. (반대쪽도 같은 방법)

05 보조선대로 입체적으로 접는다(양쪽을 동시에 접는다).

04 보조선이 생기면 편다.

07 보조선대로 접는다. (반대쪽도 같은 방법)

08 보조선대로 포갠다. (반대쪽도 같은 방법)

09 뒷다리를 젖혀 배 쪽에서 본다.

다음 쪽으로

★★★★ 꼬리 달린 개구리

10 양쪽으로 펴지게 사선으로 접는다.

11 ○ 표시 부분을 발 접기 B로 접는다.

12 보조선대로 접는다.

13 발가락을 편다.

완성!

16 꼬리를 입체적으로 접는다.

15 앞으로 접어 넣는다.

14 윗면만 뒤로 접어 넣는다.

종이접기 원포인트 레슨

다음 순서의 사진을 참고하세요!

책을 보며 접을 때는 사진의 보조선과 방향만 보는 경향이 있습니다. 하지만 접은 후 어떤 형태가 될지 이해하는 것이 중요합니다. 어떻게 접어야 사진의 모양이 나올지 상상하며 접어보세요. 종이접기의 묘미는 퍼즐을 맞추듯 하나하나 접어가는 데 있습니다.

종이에 따라 완성도가 달라진다고요?!

다양한 종이접기용 종이가 판매되고 종이의 질도 다릅니다. 종이접기에는 탄력 있는 종이가 적합합니다. 보조선이 선명하게 생기고 힘이 있습니다. 무엇을 접느냐에 따라 종이의 두께도 달라지는데, 정교한 작품을 접을 때는 얇고 탄력 있는 종이를 추천합니다.

Red-eyed tree frog

빨간눈청개구리

난 이 도 ★★★★★

★★★★★ 빨간눈청개구리

보조선C부터

01 모서리를 확대해 본다.

02 보조선대로 접는다.

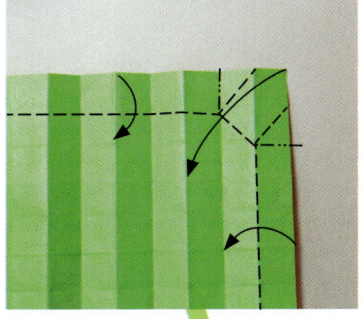

03 나머지 세 모서리도 같은 방법으로 접는다.

04 보조선대로 뒤로 접는다.

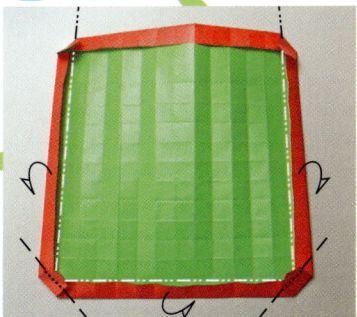

05 사진의 위치에 보조선을 만든다.

06 보조선대로 접어 포갠다.

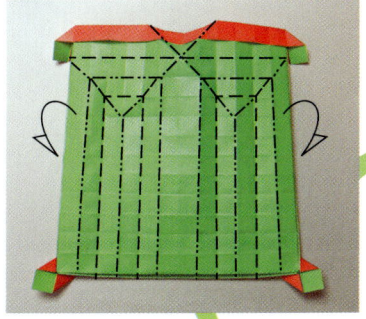

06-2 (포개는 중)

07 뒤집는다.

08 사선으로 접는다.

다음 쪽으로

031

09 끄집어내듯이 위로 회전하며 접는다.

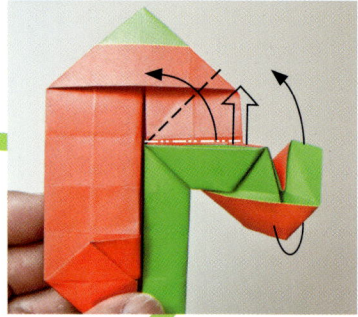

16 위로 접는다.

17 반전한다.

10 뒤로 접어 넣는다.

15 사선으로 접는다.

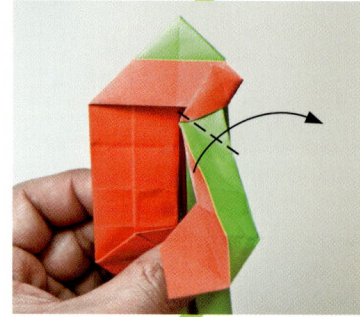

18 보조선대로 입체적으로 접는다.

11 보조선이 생기면 원래대로 한다.

14 덮는다.

19 발끝을 본다.

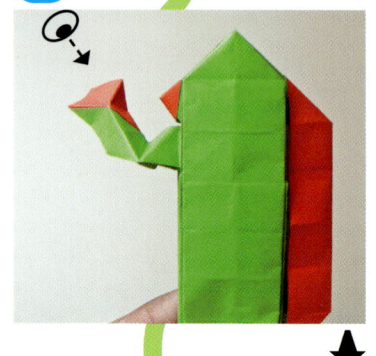

12 뒤로 접힌 부분을 편다.

13 위에서 눌러 움푹하게 한다.

20 보조선대로 발가락을 접는다.

★★★★★ 빨간눈청개구리

24 보조선대로 접는다.

25 보조선대로 접는다.
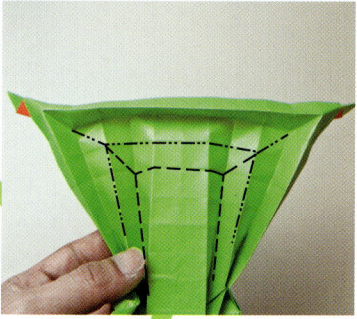

31-2 (밀어 넣는 중)
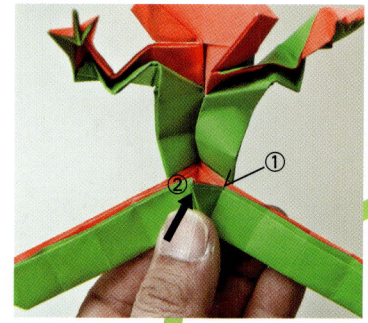

23 편다.
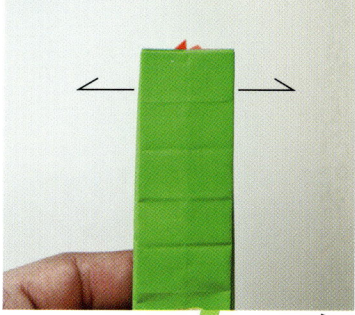

26 보조선대로 접는다.
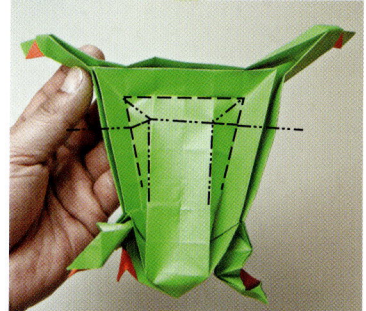

31 양다리를 아래로 내리며 ①을 오른쪽으로 접고 ②를 위로 접어 밀어 넣는다.
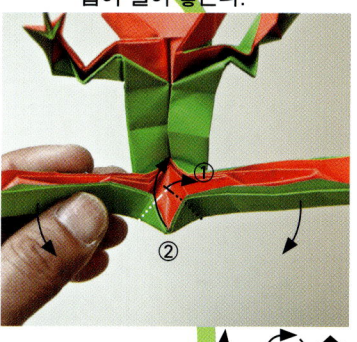

22 눈 부분을 살짝 세운 후, 몸통을 180도 회전한다.

27 화살표(←) 아래쪽에서 편다.
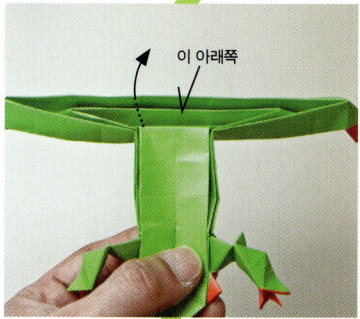

30 뒤집어서 180도 회전한다.

21 오른쪽도 08~20 과 같은 방법으로 접는다.

28 보조선대로 접는다.

29 덮는다.

★★★★★ 빨간눈청개구리

32 뒤집는다.

39 발끝이 가지런해지게 보조선대로 안으로 계단 접기를 한다.
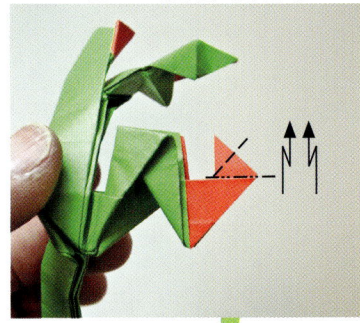

40 뒤로 살짝 접는다.

33 앞의 한 장을 넘겨서 편다.

38 안으로 넣어 접는다.

41 발가락을 펼치듯이 접는다.

34 안으로 두 번 넣어 접는다.

37 뒤로 접어 넣는다.

42 반대쪽 다리도 33~41과 같은 방법으로 접는다.

35 보조선이 어긋나게 발끝을 위로 당긴다.

36 뒤로 접어 넣는다.

완성!

★★★★ 뱀

Snake

뱀

| 난 이 도 | ★★★★ |

▼ 보조선A부터

01 보조선대로 아코디언 접기를 한다.

02 보조선을 만든다.

03 보조선대로 접어 포갠다.

06 중심에 맞춰 접는다.

05 중심에 맞춰 접는다.

04 펴서 사각형으로 포갠다.

07 보조선이 생기면 편다.

08 안으로 계단 접기를 한다.

09 보조선대로 편다.

다음 쪽으로

| 10 | 보조선대로 덮는다. |

| 17 | 양쪽에서 펴서 끝부분을 둥글린다. |

| 18 | 위에서 눌러 사각형으로 포갠다. |

| 11 | 아래로 접는다. |

| 16 | 사진의 위치에 보조선을 만든다. |

| 19 | 송곳니를 세운다. |

| 12 | 아래로 눕힌다. |

| 15 | 원래 방향에서 본다. |

| 20 | 혓바닥을 잠시 위로 올린다. |

| 13 | 사진의 접기 선대로 입체적으로 접는다. |

| 14 | ① 혓바닥 끝을 뒤로 접으며 ② 를 덮는다. |

| 21 | ① 펴서 왼쪽 방향으로 접는다. ② 위로 접는다. |

★★★★ 뱀

25 중심에 맞춰 접는다.

26 사진의 위치에 보조선을 만든다.
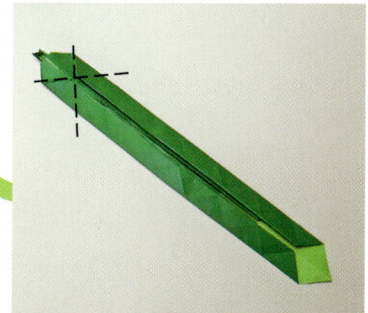

완성!

24 끝부분을 한꺼번에 뒤로 접는다.

27 중심에서 한꺼번에 양쪽으로 편다.

32 표시된 쪽을 살짝 벌린다.
(세울 때 안정감을 주기 위해)
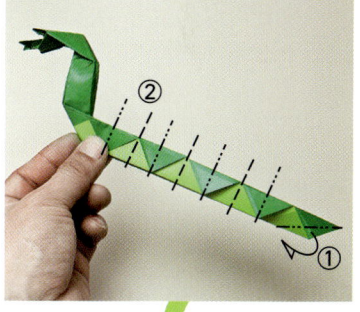

23 표시 부분을 아랫면에 집어넣는다.

28 뒤집는다.

31 ① 안으로 접어 넣는다(반대쪽도 같은 방법). ② 아코디언 접기

22 왼쪽도 **21** 처럼 접는다.

29 머리를 들어 올릴 수 있게 보조선대로 접는다.
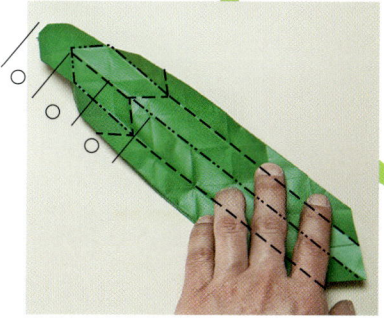

30 중심으로 포갠다.

Common slider

붉은귀거북

| 난 이 도 | ★★★★ |

보조선B부터

01 중심에서 좌우 한 칸의 1/2 지점에 보조선을 만든다.

02 계단 접기를 한다.

03 보조선을 만든다.

04 편다.

05 아래도 02 ~ 04 와 같은 방법으로 보조선을 만든다.

06 보조선대로 입체적으로 접는다.

★★★★ 붉은귀거북

10 뒤집는다.

11 보조선을 만든다.

12 보조선대로 접는다.

09 반대쪽도 08 처럼 접는다.

08 보조선대로 접는다.

이 부분을 모은 후 접는다

13 윗부분을 확대해 본다.

07 옆에서 본다.

14 보조선대로 접는다.

15 ① 앞장만 접는다.
② 계단 접기를 한다.
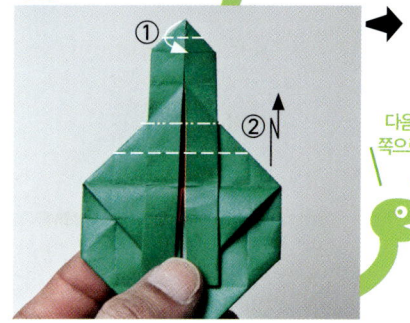

다음 쪽으로

039

| 16 | 보조선이 생기면 원래대로 한다. | 21 | 뒤로 접어 넣는다. | 22 | 보조선대로 접어 집어넣는다. |

| 17 | 다리가 될 부분을 잡아 편다. | 20 | ① 윗부분과 각도가 맞게 뒤로 접는다. ② 다리를 위로 접는다. | 23 | 뒤집는다. |

 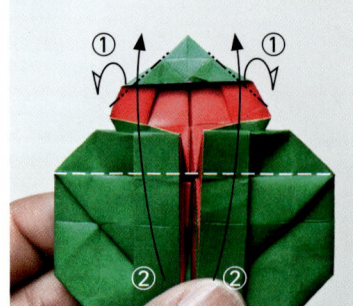 

| 18 | 보조선대로 안으로 계단 접기 | 19 | -2 (편 모습) | 24 | 보조선대로 양쪽으로 접는다. |

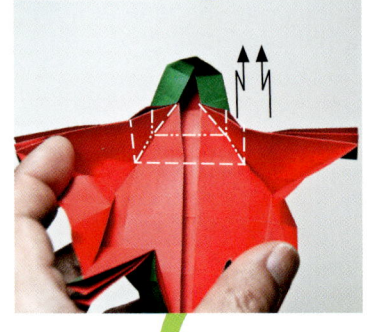  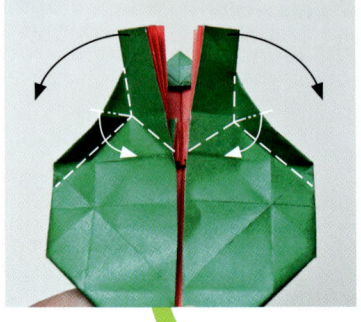

| 18 | -2 (계단 접기를 하는 중) | 19 | 보조선대로 펴서 포갠다. | 25 | 발가락을 발 접기 A로 접는다. |

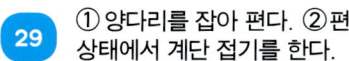 ★★★★ 붉은귀거북

29 ① 양다리를 잡아 편다. ② 편 상태에서 계단 접기를 한다.
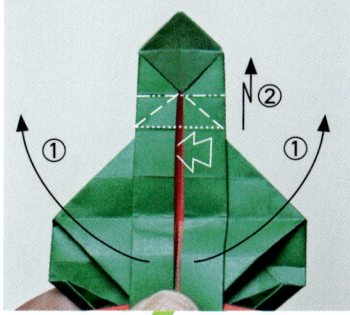

30 보조선대로 접는다.

36 뒤집어 180도 회전한다.

다음 쪽으로

28 ① 앞장만 아래로 접는다. ② 보조선을 만든다.
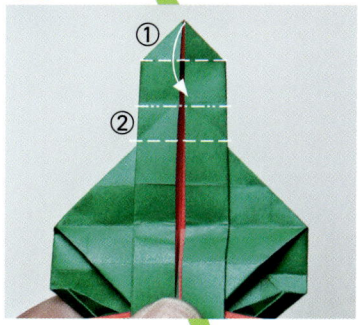

31 보조선대로 덮는다.
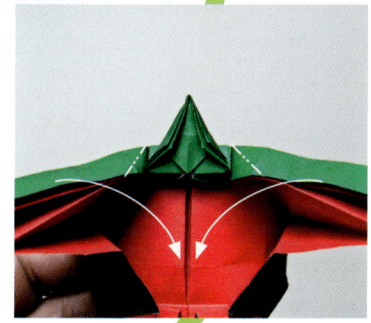

35 보조선대로 접는다.

27 아래로 접는다.

32 보조선대로 안으로 넣어 접듯 접는다.

34 발가락을 발 접기 A로 접는다.

26 왼쪽도 발 접기 A로 접고 180도 회전한다.

32 -2 (안으로 넣어 접는 중)

33 왼쪽도 **32** 처럼 접는다.

 041

★★★★ 붉은귀거북

37 표시 부분을 확대해 본다.

44 끝의 발가락을 접는다.
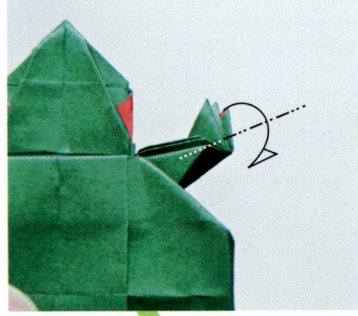

45 가운뎃발가락을 접는다.
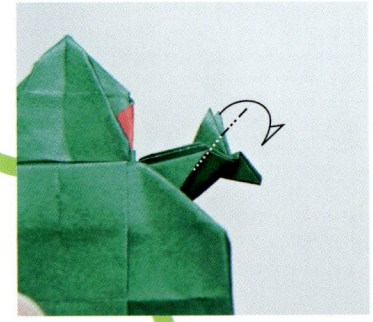

38 한꺼번에 접는다.
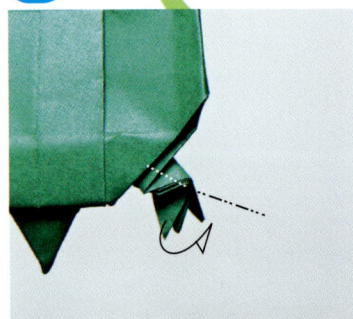

43 한꺼번에 접는다.

46 반대쪽 앞다리도 43 ~ 45 와 같은 방법으로 접는다.

39 끝의 발가락을 접는다.

42 표시 부분을 확대해 본다.

47 머리를 올리고, 등딱지 양쪽을 잡아당겨 입체감을 준다.

40 가운뎃발가락을 접는다.

41 반대쪽 뒷다리도 38 ~ 40 과 같은 방법으로 접는다.

완성!

Soft-shelled turtle

자라

난이도 ★★★★

★★★★ 자라

붉은귀거북의 12 부터

01 다리가 될 부분을 아래로 접고 뒤집는다.

02 앞장만 보조선을 만든다.

03 보조선대로 편다.

05 위로 접는다.

04 -2 (포개는 중)

04 위에서 눌러 사각형으로 포갠다.

06 뒤집는다.

07 한꺼번에 계단 접기를 한다.

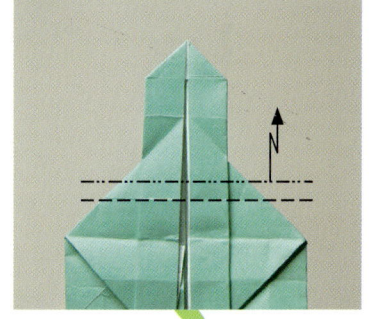

08 한꺼번에 사선으로 접는다.

다음 쪽으로

043

★★★★ 자라

| 09 | 보조선대로 입체적으로 접는다. |
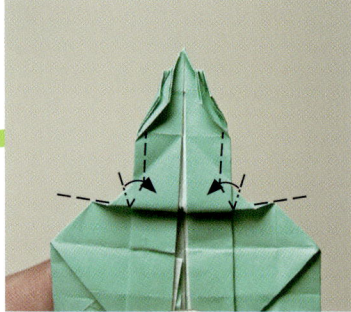

| 10 | 앞다리가 될 부분을 위로 접는다. |
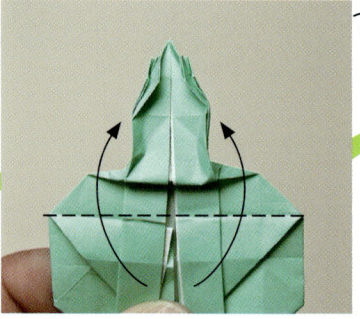

| 11 | 앞다리, 뒷다리, 꼬리를 붉은귀거북과 같은 방법으로 접는다. 040~042쪽 24 ~ 46 을 참고
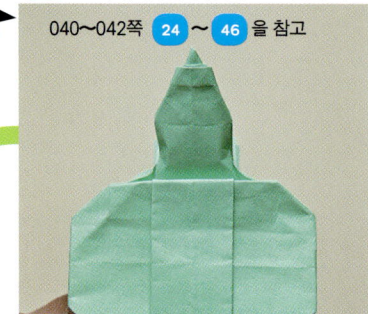

완성!

| 13 | 머리를 올리고, 등딱지 양쪽을 잡아당겨 입체감을 준다. |
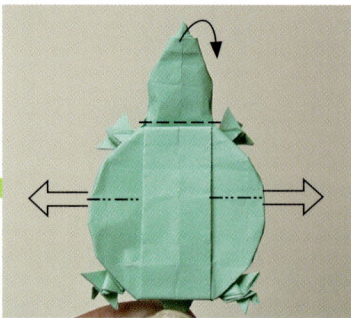

| 12 | 뒤로 접는다. |

Tortoise

땅거북

난이도 ★★★★★

보조선B부터

※ 디자인 색종이를 사용할 때는 머리 부분을 위로 놓고 접으세요.

| 01 | 중심에서 좌우 한 칸의 1/2 지점에 보조선을 만든다. |

| 02 | 계단 접기를 한다. |
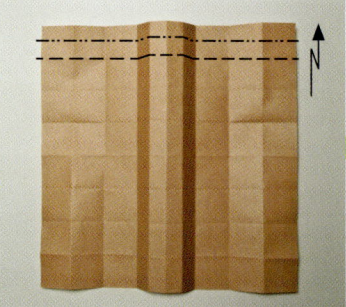

| 03 | 사진의 위치에 보조선을 만든다. |

★★★★★ 땅거북

07 옆에서 본다.

08 보조선대로 접는다.

09 반대쪽도 **08** 처럼 접는다.

06 보조선대로 입체적으로 접는다.

10 뒤집는다.

11 보조선대로 중심을 향해 접는다.

04 사진의 위치에 보조선을 만든다.

05 편다.

12 한꺼번에 아래로 접는다.

다음 쪽으로

045

13 보조선이 생기면 윗면만 원래대로 한다.

19 ○표시 부분을 발 접기 A로 접는다.

20 사선으로 접는다.

14 다리가 될 부분을 잡아 편다.

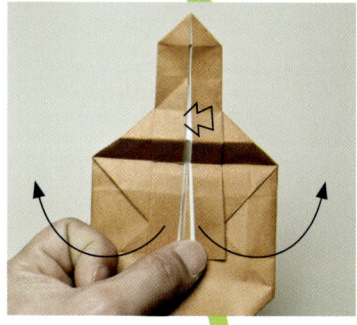

18 ⑲의 사진을 참고로 보조선대로 펴서 포갠다.

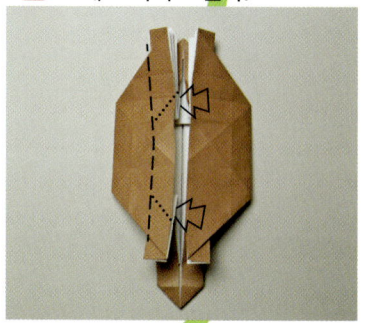

21 보조선대로 접는다.

15 보조선대로 안으로 계단 접기

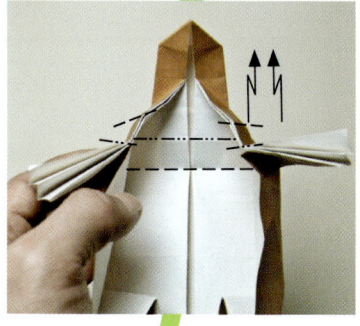

17 다리가 될 부분을 원래대로 한다.

22 끄집어내서 편 다음, 보는 방향을 바꾼다.

15-2 (계단 접기를 하는 중)

16 보조선대로 앞으로 접는다.

23 아래로 접는다.

★★★★★ 땅거북

27 보조선대로 접는다.

28 전체를 본다.

35 편다.
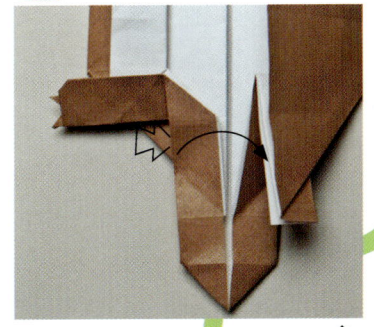

26 반대 방향에서 본다.

29 한꺼번에 사선으로 접는다.

34 위로 접는다.

25 사선으로 접는다.

30 뒤로 접힌 부분을 끄집어내서 앞으로 편다.

33 사선으로 접는다.

24 계단 접기를 한다.

31 오른쪽으로 접는다.

32 계단 접기를 한다.

047

36 위에서 눌러 삼각형으로 포갠다.

42 -2 (머리 쪽에서 본 모습)
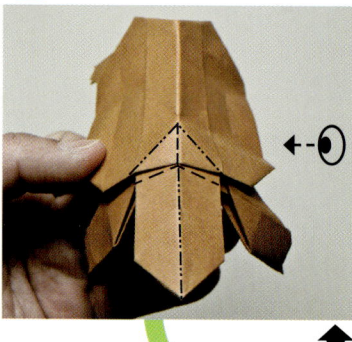

43 안으로 넣어 접는다.
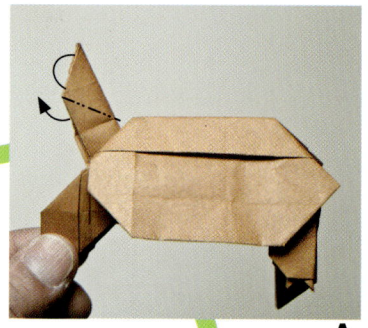

37 원래 위치에 포갠다.

42 각도를 바꿔 안으로 계단 접기

44 안쪽만 보조선대로 접는다. (반대쪽도 같은 방법)

38 오른쪽도 18 ~ 37 과 같은 방법으로 접는다.

41 ①한꺼번에 안으로 넣어 접는다. ②뒤로 접는다.(반대쪽도 같은 방법)
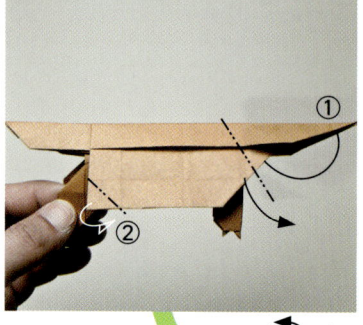

44 -2 (접는 중)

39 표시 부분을 아래 주머니에 끼워 넣는다.

40 반으로 접어 90도 회전한다.

45 안으로 넣어 접는다. (반대쪽도 같은 방법)

★★★★★ 땅거북

49 덮는다.

50 편다.

중심의 한 장은 오른쪽에 합친다.

완성!

48 배 쪽에서 꼬리 방향을 본다.

51 보조선대로 포갠다.

55-2 (입체적으로 모양을 잡는 모습)

47 전체를 본다.

52 보조선대로 접는다.

55 양쪽에서 등딱지를 잡아당기며 입체적으로 모양을 잡는다.

46 입을 벌린다.

53 덮고 90도 회전한다.

54 등에서 본다.

Gecko

도마뱀붙이

| 난 이 도 | ★★★★★ |

보조선A부터

01 보조선 사이사이를 반씩 접어 20등분한다.

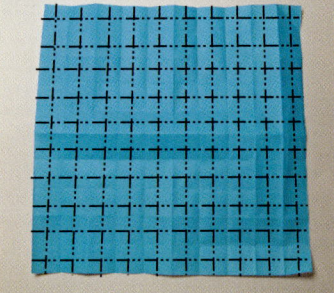

06 추가로 보조선을 만들어 포갠다.

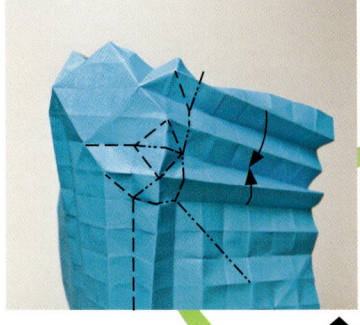

06-2 (포개는 중)

02 계단 접기를 한다.

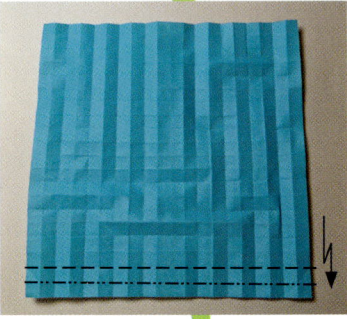

05 보조선대로 입체적으로 접는다.

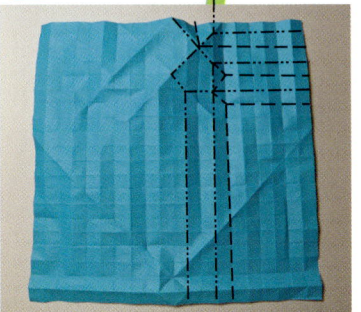

06-3 (포개는 중)

03 사선으로 보조선을 만든다.

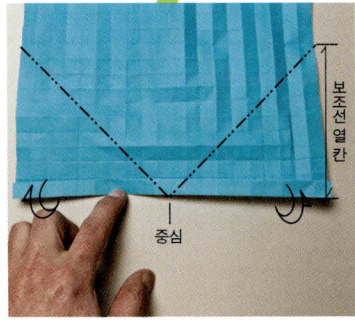

04 ① 사진의 위치에 보조선을 만든다. ② 편다.

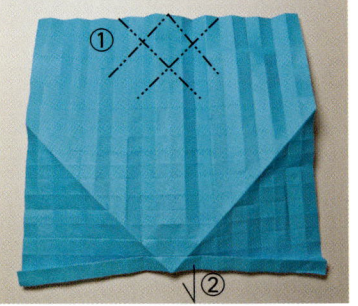

07 반대쪽도 **05**~**06** 과 같은 방법으로 접어 포갠다.

★★★★★ 도마뱀붙이

11 보조선대로 입체적으로 접는다.

11-2 (접는 중)

17 뒤집는다.

다음 쪽으로

10 180도 회전한다.

12 포갠다.

16 다리가 될 부분을 각각 사선으로 접는다.

09 입을 다문 듯이 포갠다.

13 보조선대로 입체적으로 접는다.

15 반대쪽도 12 ~ 14 와 같은 방법으로 접고 180도 회전한다.
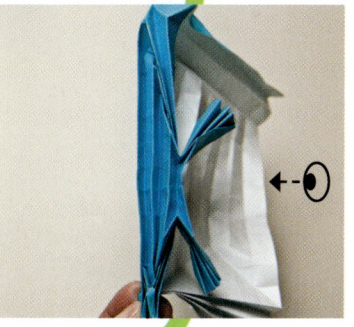

08 보조선대로 접는다.

14 보조선대로 접어 포갠다.

14-2 (접어 포개는 중)

051

| 18 | 보조선대로 접는다. | 22 -4 (발 접기 B를 하는 중) | 23 뒷다리도 22 처럼 접는다. |

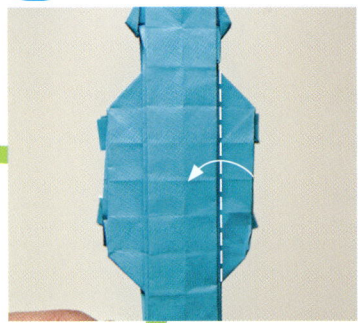  

| 19 | 보조선대로 접는다. | 22 -3 (발 접기 B를 하는 중) | 24 표시 부분을 아랫면에 집어넣는다. |

| 20 | 뒷다리도 19 처럼 접는다. | 22 -2 (발 접기 B를 하는 중) | 25 한꺼번에 사선으로 접는다. |

| 21 | 앞다리를 확대해 본다. | 22 발 접기 B로 접는다. | 26 발가락을 펼친다. |

  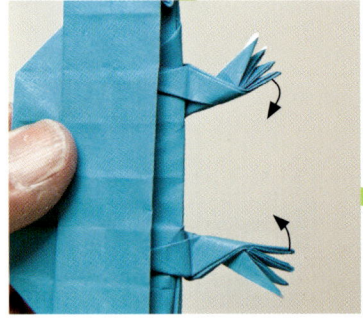

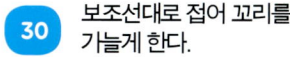 ★★★★★ 도마뱀붙이

30 보조선대로 접어 꼬리를 가늘게 한다.

31 뒤집는다.

32 보조선대로 입체적으로 접는다.
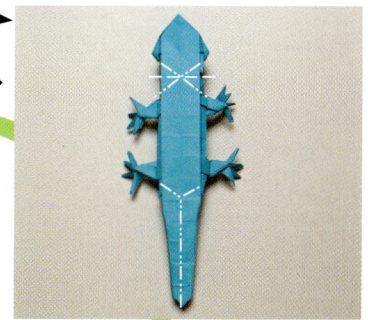

29 보조선대로 접는다.
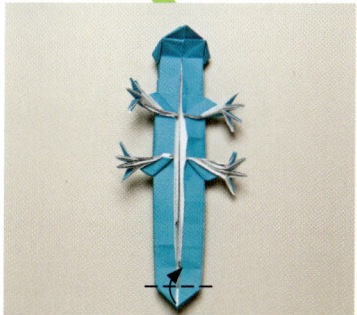

완성!

33 기본형 완성. 보조선대로 접어 머리와 꼬리를 구부린다.

28 뒤집는다.

Axolotl

우파루파

| 난 이 도 | ★★★★ |

27 왼쪽도 18~26 과 같은 방법으로 접는다.

01 가로세로 반으로 접어 보조선을 만든다.

02 모서리를 중심에 맞춰 접는다.

다음 쪽으로

053

03 사진의 위치에 보조선을 만든다.

08 보조선대로 접는다.

09 반대쪽도 06~08과 같은 방법으로 접는다.

04 보조선대로 접어 모서리를 세운다.

07-3 (오른쪽에서 접는다)

10 반으로 접는다.

05 나머지 세 모서리도 02~04와 같은 방법으로 접는다.

07-2 (왼쪽에서 접는 모습)

11 앞장만 반으로 접는다.

06 모서리를 중심에 맞춰 접는다.

07 보조선대로 접는다.

12 뒤로 반으로 접는다.

★★★★ 우파루파

16 사진의 위치(붙은 부분)에 보조선을 만든다.
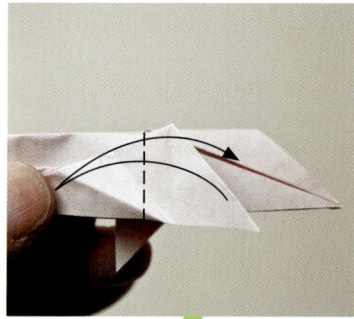

17 나머지 세 부분도 13~16 과 같은 방법으로 접는다.

23 ① 각도를 바꿔 계단 접기를 한다. ② 사선으로 접는다.

다음 쪽으로

15 ① 원래대로 한다. ② A의 뒤로 접힌 부분을 끄집어낸다.
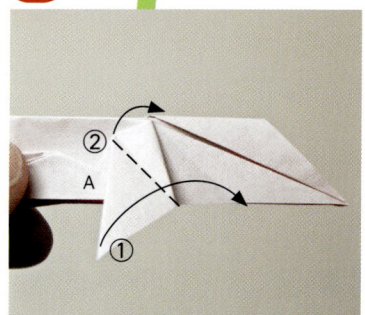

18 사진의 위치에 보조선을 만든다. (23 까지 반대쪽도 같은 방법)

22 안으로 계단 접기를 한다.

14 보조선대로 한꺼번에 안으로 넣어 접듯이 접는다.

19 앞의 한 장을 편다.

21 -2 (포개는 중)

13 보조선대로 접는다.

20 18 에서 만든 보조선을 이용해 A와 B를 맞춰 접는다.
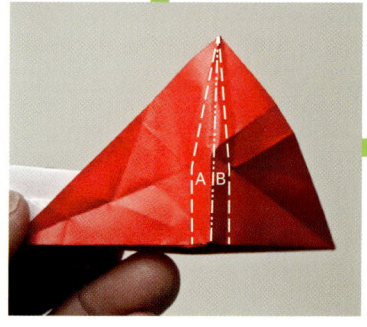

21 원래 위치에 포갠다.
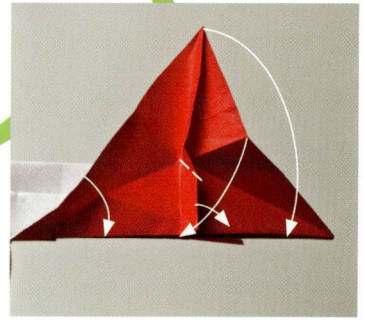

055

24 편다.
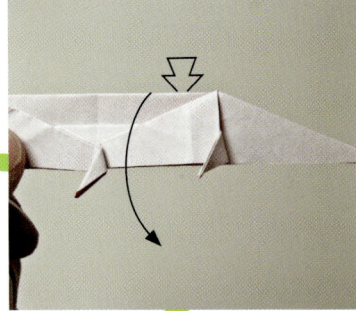

31 옆에서 본다.

32 보조선대로 한꺼번에 접는다.

25 보조선대로 안에서 밀어 입체적으로 접는다.

30 추가 보조선을 만들어 등을 덮고 머리 부분이 몸통을 씌우듯 포갠다.
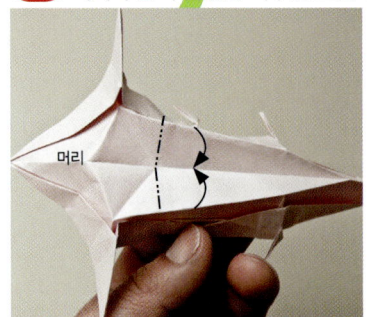

33 보조선이 생기면 원래대로 한다.

26 양쪽에서 잡고 A 위치에 주름이 생기게 조절하며 덮는다.

29 보조선대로 입체적으로 접는다.

34 보조선대로 뒤집어 접기를 한다.

27 보조선이 어긋나게 접는다.
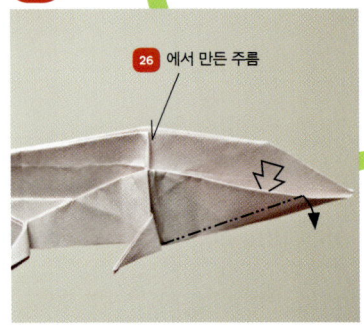

28 등을 편다.

35 각도를 바꿔 계단 접기를 한다.

★★★★ 우파루파   ★★★★★ 도롱뇽

Salamander

도롱뇽

| 난 이 도 | ★★★★★ |

※ 디자인 색종이를 사용할 때는 머리 부분을 위로 놓고 접으세요.

보조선A부터

완성!

38 보조선대로 안으로 접어 넣는다.
(반대쪽도 같은 방법)

37 ① 반대쪽 아가미도 접는다.
② 안으로 접어 넣는다.
32 ~ 36 과 같은 방법

36 한꺼번에 계단 접기를 한다.

01 보조선 사이사이를 반씩 접어 20등분한다.

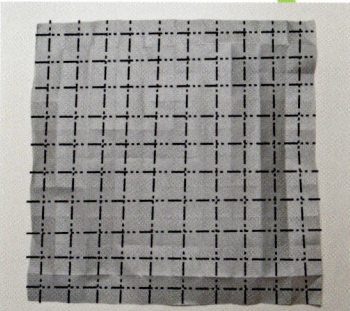

02 계단 접기를 한다.

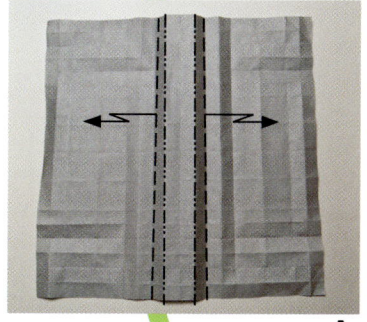

03 사진의 위치에 보조선을 만든다.

보조선 4칸

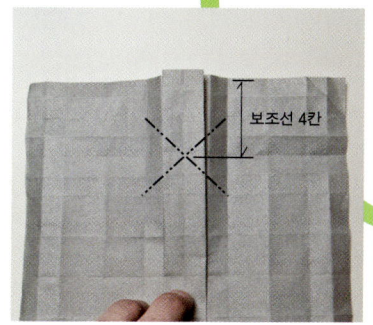

06 계단 접기를 한다.

다음 쪽으로

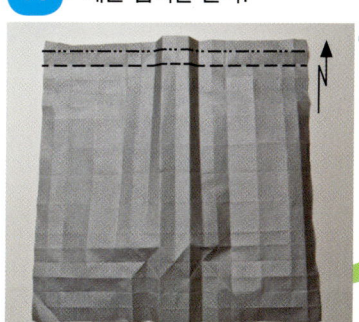

05 180도 회전한다.

04 편다.

057

07 뒤로 접는다.

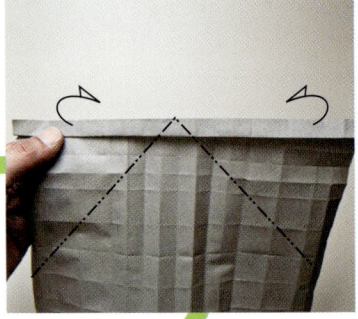

08 보조선이 생기면 펴고 180도 회전한다.

09 보조선대로 입체적으로 접는다.

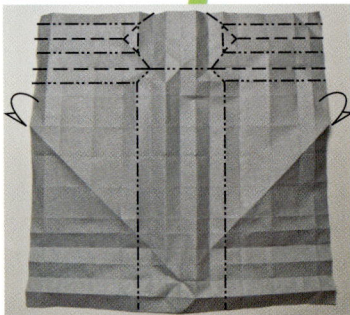

09-2 (접는 중)

11-2 (접는 중)

11 보조선대로 접는다.

10-2 (포개는 중)

10 추가로 보조선을 만들어 접어 포갠다. (반대쪽도 같은 방법)

12 뒤로 접는다.

13 왼쪽도 **11** ~ **12** 와 같은 방법으로 접는다.

14 보조선대로 펴서 포갠다.

15 각도를 바꿔 계단 접기를 한다.

★★★★★ 도롱뇽

19 윗부분을 편다.

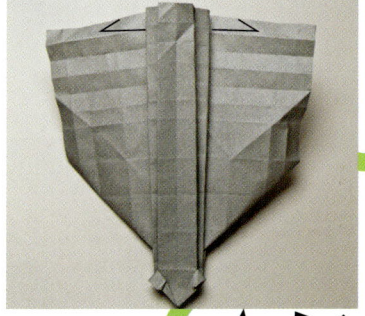

20 보조선대로 입체적으로 접는다.

18 뒤집어서 180도 회전한다.

17 앞으로 접어 집어넣는다.

21 추가로 보조선을 만들어 접어 포갠다.

16 왼쪽도 14 ~ 15 와 같은 방법으로 접는다.

다음 쪽으로

059

22 사진의 위치에 보조선을 만든다.

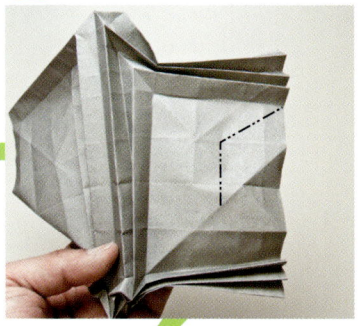

29 다리가 될 부분을 사선으로 접는다.

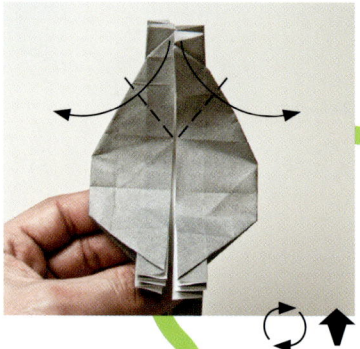

30 위로 접는다.

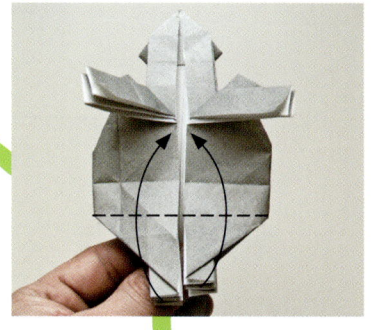

23 사진의 위치를 살짝 편다.

편다

28 오른쪽도 21~27과 같은 방법으로 접고 180도 회전한다.

31 다리가 될 부분을 사선으로 접는다.

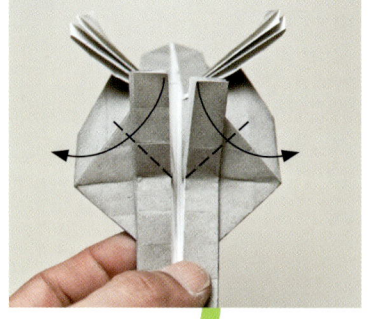

24 사진의 위치에 보조선을 만든다.

27 한꺼번에 아래로 접는다.

32 ○표시 부분을 발 접기 A로 접는다.

25 추가로 보조선을 만들어 포갠다.

26 위로 접는다.

33 뒤집는다.

★★★★★ 도롱뇽

37 뒤로 접어 넣는다.

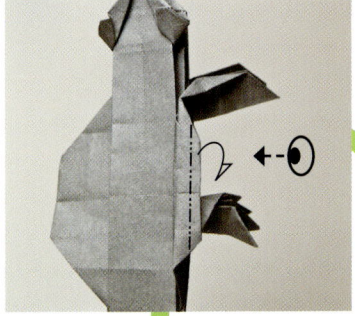

38 표시 부분을 아랫면에 집어넣는다.

완성!

36 보조선대로 접는다.

39 발끝을 집듯이 접는다.

44 ① 한꺼번에 뒤로 접어 꼬리를 가늘게 한다. ② 몸통을 입체적으로 접는다.

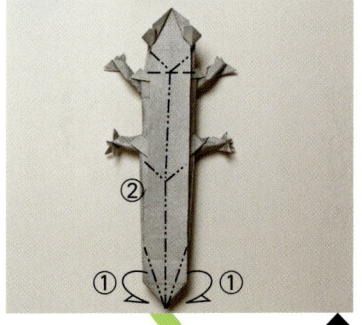

35 보조선대로 접는다.

40 사선으로 접는다.

43 왼쪽도 34~42 와 같은 방법으로 접는다.

34 보조선대로 접는다.

41 발가락을 편다.

42 앞다리 완성! (뒷다리도 같은 방법)

Japanese fire belly newt

일본얼룩배영원

난 이 도 ★★★★★

도롱뇽 32 부터   ※ 17 은 접지 않는다.

01 윗부분을 확대해 본다.

02 접힌 부분을 끄집어내서 화살표 방향으로 접는다.

03 뒤로 접힌 부분을 앞으로 펴서 윗부분을 뒤집어씌운다.

04 보는 방향을 바꾼다.
이 부분은 계곡 접기를 한다.

05 보조선대로 포갠다.

06 오른쪽으로 접는다.

07 앞으로 접어 집어넣는다. 배 부분을 확대해 본다.

08 한 칸의 1/2을 접는다(윗부분은 감아 넣고, 아랫부분은 젖힌다).

09 아랫부분을 밀어 넣듯이 포갠다.

★★★★★★ 일본얼룩배영원

13 보조선과 접기 선대로 포갠다.

13-2 (포개는 중)
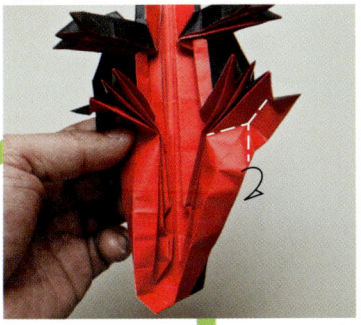

완성!

12 꼬리 끝부터 보조선 한 칸을 뒤집는다. (발끝은 그대로)

14 왼쪽도 13 처럼 접는다.

19 입체적으로 접는다.

11 꼬리 부분을 편다.

15 ○표시한 꼬리 끝은 삼각형으로 포갠다.

18 앞으로 접어 집어넣는다.

10 왼쪽도 02~09 와 같은 방법으로 접는다.

16 도롱뇽의 33~43 과 같은 방법으로 접는다.

17 뒤로 접어 넣는다.

Japanese giant salamander

일본장수도롱뇽

| 난 이 도 | ★★★★ |

보조선C부터

01 보조선대로 입체적으로 접는다.

02 보조선대로 접는다.

03 보조선대로 접는다.

04 보조선대로 접는다.

05 보조선대로 포갠다.

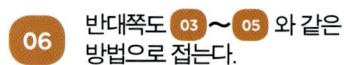

06 반대쪽도 03~05 와 같은 방법으로 접는다.

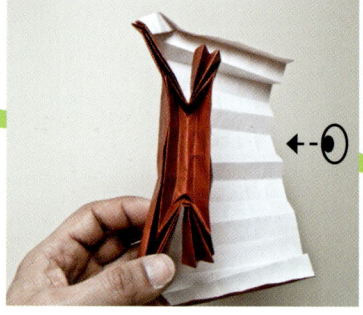

★★★★ 일본장수도롱뇽

10 앞부분을 편다.

11 09 에서 만든 보조선을 이용해 밀어 넣듯이 포갠다.
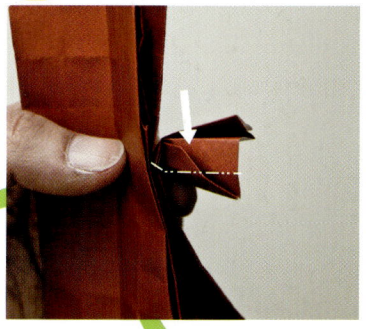

18 반전한다.

다음 쪽으로

09 보조선을 만든다.

12 끝부분도 접기 선대로 밀어 넣듯이 포갠다.

17 덮는다.

08 반전한다.

13 ○표시 부분을 발 접기 A로 접는다(제일 끝은 접지 않는다).

16 사선으로 접는다.

07 앞다리가 될 부분을 사선으로 접는다.

14 반전한다.

15 편다.

065

| 19 | 한꺼번에 뒤로 접는다. |

| 26 | 앞부분을 앞다리와 같은 방법으로 밀어 넣듯이 포갠다. |

| 27 | 뒷부분도 접기 선대로 밀어 넣듯이 포갠다. |

| 20 | 발가락을 편다. |

| 25 | 반전한다. |

| 28 | ○ 표시 부분 모두 발 접기 A로 접는다. |

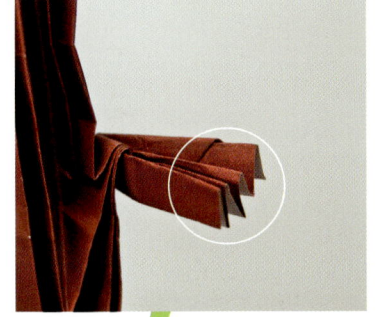

| 21 | 뒤집는다. |

| 24 | 보조선을 만든다. |

| 29 | 한꺼번에 뒤로 접는다. |

| 22 | 뒷다리가 될 부분을 위로 접는다. |

| 23 | 뒷다리가 될 부분을 사선으로 접는다. |

| 30 | 발가락을 펼친다. |

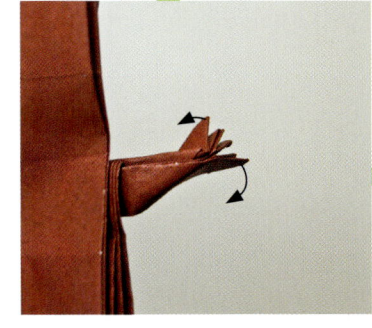

★★★★ 일본장수도롱뇽

34 보조선대로 접는다.

35 펴서 입체적으로 접는다.
(반대쪽도 같은 방법)

42 위로 접는다.

33 안에서 부풀려 입체적으로 만든다.

36 한꺼번에 보조선을 만든다.

41 양쪽으로 펴면서 윗부분을 덮는다.

32 사진의 위치에 보조선을 만든다.

37 밀어 넣어 포갠다.

40 중심에 접힌 한 장을 오른쪽 아래에 접어 넣는다.
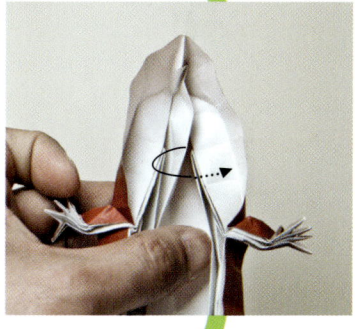

31 왼쪽도 07 ~ 30 과 같은 방법으로 접는다.

38 뒤쪽에서 본다.

39 편다.
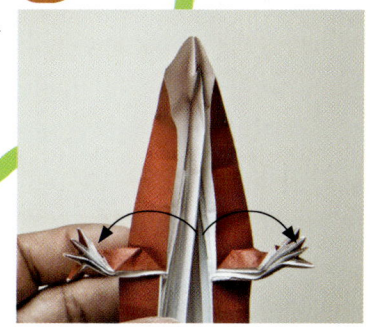

★★★★ 일본장수도롱뇽

43 보조선대로 접고 180도 회전한다.

48 보조선대로 안으로 계단 접기
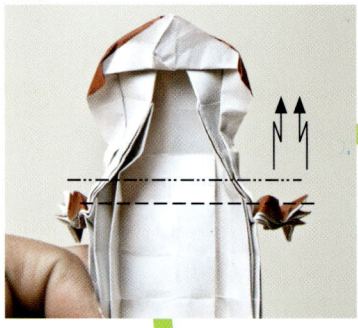

49 덮는다.

44 사진의 위치에 한꺼번에 보조선을 만든다.

47 편다.
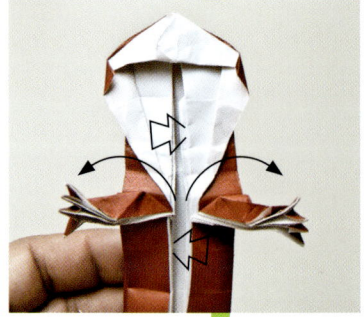

50 뒤집는다.

45 중심에 접힌 부분과 함께 왼쪽 아래로 밀어 넣듯이 접는다.
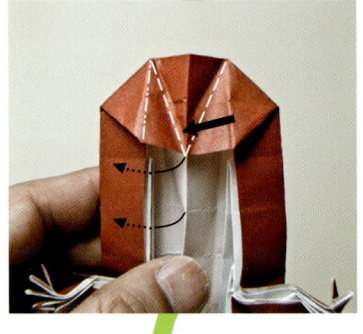

46 180도 회전한다.

51 꼬리를 입체적으로 접는다.

45-2 (밀어 넣는 중)

45-3 (밀어 넣는 중)

완성!

lizard

도마뱀

| 난 이 도 | ★★★★★ |

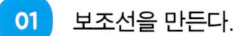
시작

01 보조선을 만든다.
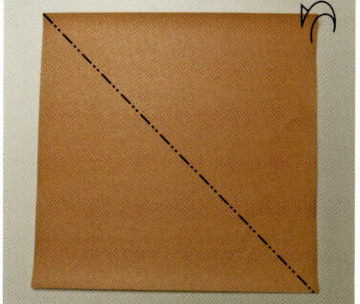

06 뒤집는다.

07 펴서 포갠다.

02 보조선에 맞춰 접는다.

05 보조선대로 뒤로 접는다.
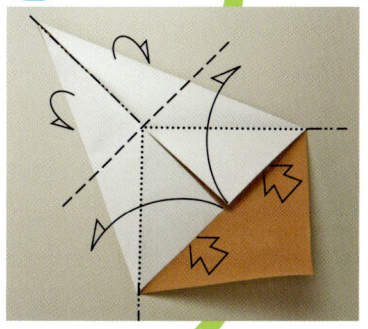

08 중심에 맞춰 접는다.

03 보조선대로 접는다.
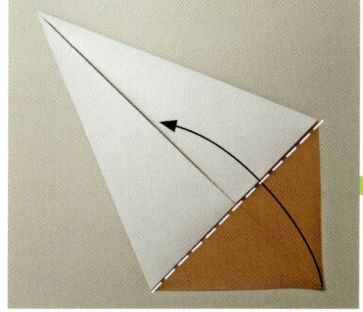

04 ① 보조선을 만든다.
② 편다.
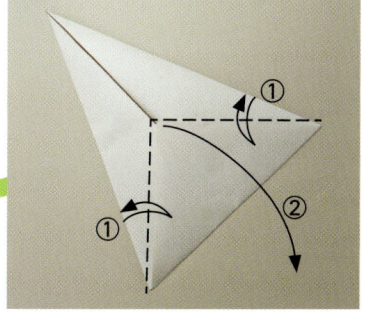

09 보조선이 생기면 원래대로 한다.

다음 쪽으로

10 왼쪽으로 접고 위아래를 중심에 포갠다.

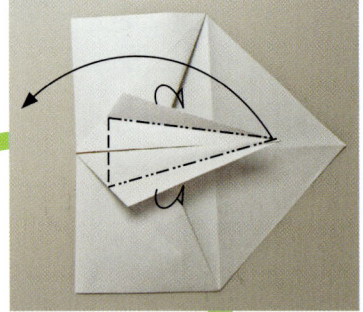

17 계단 접기를 한다.

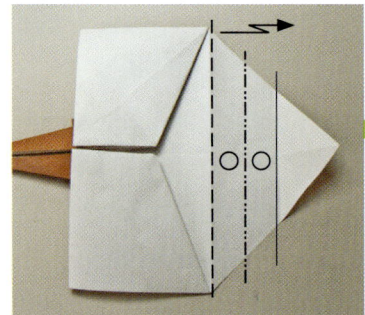

18 중심에 맞춰 접는다.

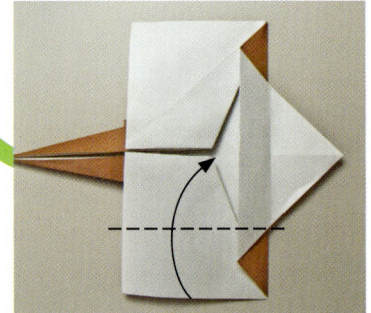

11 오른쪽으로 접는다.

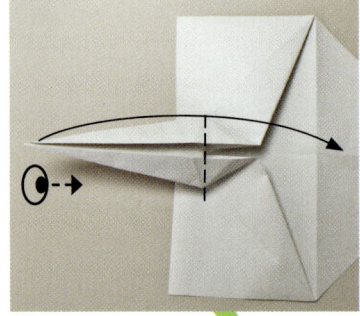

16 보조선을 만든다.

19 한꺼번에 중심에 맞춰 접는다.

12 편다.

15 표시 부분도 끄집어내서 **14** 처럼 포갠다.

20 보조선이 생기면 편다.

13 ① 끄집어낸다.
② 왼쪽으로 접는다.

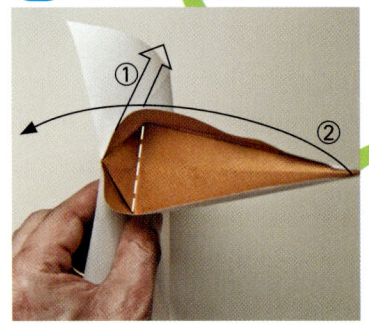

14 보조선대로 포갠다.

21 **20** 에서 만든 보조선의 1/2 위치에 보조선을 만든다.

★★★★★ 도마뱀

25 보조선대로 접는다.

24 반대쪽도 18~23 과 같은 방법으로 접는다.

23 보조선대로 접는다.

27 보조선대로 입체적으로 접는다.

26 펴서 포갠다.

22 끝의 보조선 두 칸을 다시 반씩 접는다.

28 보조선대로 접는다.

29 편다.

다음 쪽으로

071

| 30 | 보조선대로 접는다. |

| 37 | 한꺼번에 뒤로 접어 꼬리를 가늘게 한다. |

| 38 | ○ 표시 부분(앞다리)을 발 접기 A로 접는다. |

| 31 | 원래 위치에 덮는다. |

| 36 | 등 쪽에서 본다. |

| 39 | 뒷다리를 본다. |

| 32 | 보조선대로 안으로 접어 넣는다. |

| 35 | 보조선대로 접어 포갠다. |

| 40 | ○ 표시 부분을 발 접기 A로 접는다. |

| 33 | 보는 방향을 바꿔 90도 회전한다. |

| 34 | 보조선대로 접는다. |

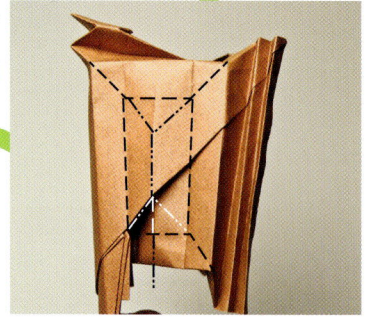

| 41 | 반대쪽도 34~40 과 같은 방법으로 접는다. |

★★★★★ 도마뱀

45 반대쪽 다리도 43~44 와 같은 방법으로 접는다.

46 뒷다리를 사선으로 접는다.

완성!

44 발가락을 편다.

47 보조선대로 접는다.

52 입체적으로 접는다.
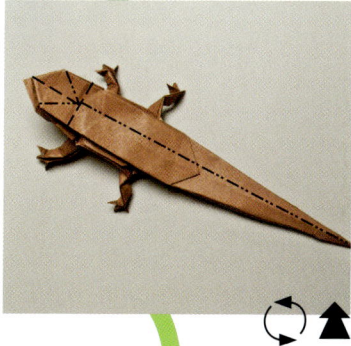

43 다리의 관절을 접는다.

48 반전한다.

51 반대쪽 뒷다리도 46~50 과 같은 방법으로 접는다.

42 다리 폭이 반이 되게 접으며 양쪽으로 펼친다.

49 각도를 바꿔 계단 접기를 한다.

50 발가락을 편다.

 ★★★★★ 그린에놀

Green anole

그린에놀

| 난 이 도 | ★★★★★ |

목 주변의 주머니 이외에는 도마뱀과 같은 방법으로 접는다.

도마뱀의 17 부터

01 사진의 위치에 보조선을 만든다.

04 한꺼번에 보조선을 만든다.

03 보조선에 맞춰 뒤로 접는다.

02 보조선에 맞춰 뒤로 접는다.

05 왼쪽으로 젖힌다.

08 ○부분은 그대로 두고 도마뱀의 18~52 처럼 접는다.
(26~32 는 접지 않는다)

09 도마뱀 접는 법 52 까지 완성된 모습이다.

06 사진의 위치에 보조선을 만든다.

07 보조선대로 접어 모서리를 세운다.

완성!

Leopard gecko

★★★★★★ 표범도마뱀붙이

표범도마뱀붙이
난 이 도 ★★★★★★

꼬리 이외에는 도마뱀과 같은 방법으로 접는다.

도마뱀 10 부터

01 표시의 접은 부분을 원래대로 한다.

02 보조선을 만든다.

03 계단 접기를 한다.

04 아랫부분을 8등분이 되게 보조선을 만든다.

도마뱀 18 ~ 21 과 같은 방법으로 접는다.

05 끝의 보조선 두 칸을 다시 반씩 접는다.

06 보조선대로 접는다.

07 반대쪽도 04 ~ 06 과 같은 방법으로 접는다.

08 보조선대로 접는다.

09 표시 부분을 도마뱀 26 ~ 32 와 같은 방법으로 접는다.

다음 쪽으로

10 보조선대로 포갠다.
(반대쪽도 같은 방법)

16 ① 편다.
② 위로 접는다.

17 원래 위치에 덮는다.

10-2 (포개는 중)

15 뒤로 접는다.

18 왼쪽도 **16**~**17** 과 같은 방법으로 접는다.

11 회전한다.

14 **13** 에서 만든 보조선을 이용해 계단 접기를 한다.

19 뒤로 접어 180도 회전한다.

12 밀어 넣듯이 입체적으로 접는다.

13 사진의 위치를 참고해 보조선을 만든다.

20 표시 부분을 확대해 본다.

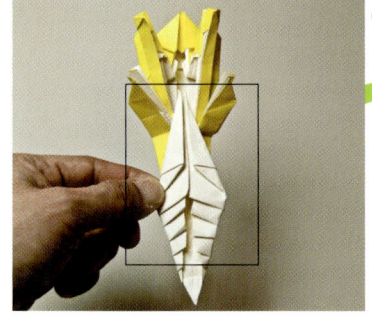

★★★★★★ 표범도마뱀붙이

24 보조선대로 편다.

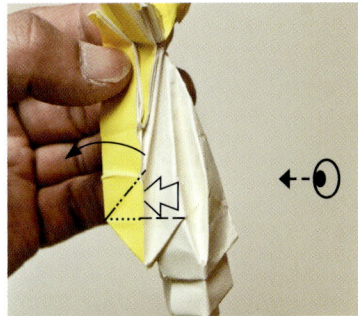

25 집어넣는다.

종이접기 원포인트 레슨

접는 방법에 변화를 줘서 즐겨보세요!

예를 들어, 꼬리를 접은 후 살짝 구부리거나 걷는 것처럼 발을 앞뒤로 움직여보세요. 약간만 달리해도 동물을 더욱 생생하게 표현할 수 있어요. 스톱모션 애니메이션을 만들어도 재밌을 거예요.

23 화살표 부분을 밀어 넣어 포갠다.

26 오른쪽도 22 ~ 25 와 같은 방법으로 접는다.

22 안쪽에서 벌려 부풀린다.

27 꼬리 완성(다리는 도마뱀 38 ~ 51 과 같은 방법으로 접는다)

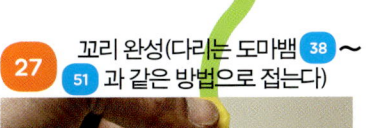

21 접은 부분을 원래대로 한다.

28 입체적으로 접는다.

완성!

077

Uromastyx

가시꼬리도마뱀

난이도 ★★★★★

도마뱀 10 부터

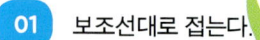

01 보조선대로 접는다.

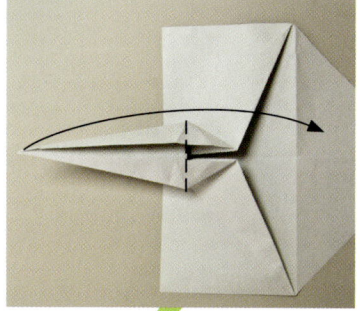

06 뒤집는다.

07 꼬리를 반으로 접고 아랫부분을 도마뱀 18~22처럼 접는다.

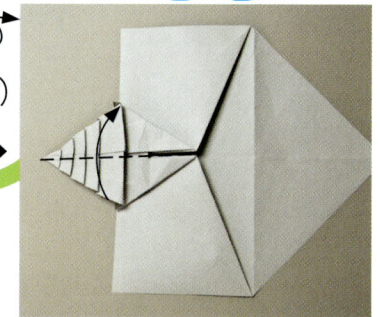

02 앞장만 펴서 왼쪽으로 접는다.

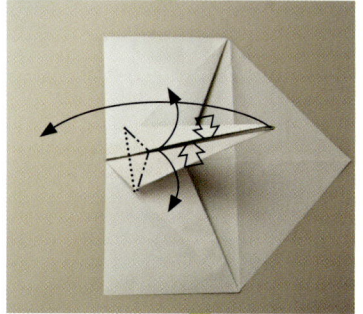

05 계단 접기를 한다.

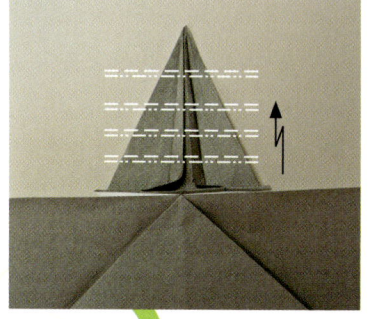

08 보조선대로 접는다.

03 뒤집어 회전한다.

04 ① 계단 접기를 한다.
② 중심에 맞춰 접는다.

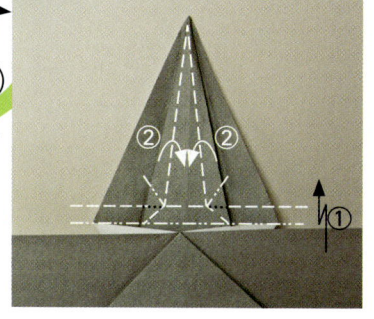

09 ① 원래대로 한다.
② 보조선대로 접는다.

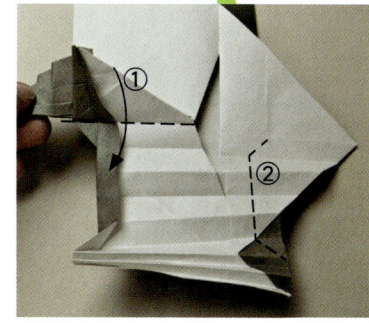

078

★★★★★★ 가시꼬리도마뱀

13 앞다리가 될 부분을 사선으로 접는다.

14 보조선대로 접는다.

21 뒤집는다.

12 윗부분도 07~11 처럼 접은 후, 도마뱀 25~41 처럼 접는다.

15 보조선대로 접는다.

20 보조선대로 한꺼번에 모서리를 세우듯이 접는다.

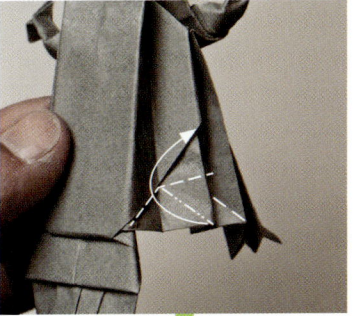

11 보조선대로 접는다.

16 발가락을 편다.

19 보조선대로 접는다.

10 보조선대로 접는다.

17 반대쪽 앞다리도 13~16 으로 접는다. (다음은 뒷다리를 본다.)

18 ① 뒤로 접어 넣는다.
② 편다.

★★★★★★ 가시꼬리도마뱀

22 뒷다리를 사선으로 접는다.
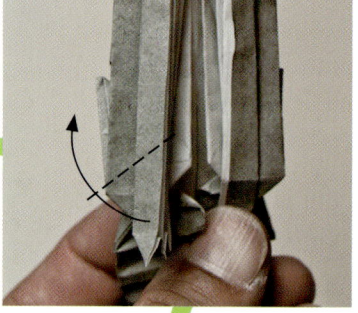

29 아래쪽에서 본다.

30 입을 벌려 입체적으로 접는다.

23 위로 접는다.

28 보조선대로 입체적으로 접는다.

30-2 (입체적으로 접은 모습)

24 뒤집는다.

27 반대쪽 뒷다리도 18~26으로 접는다. (다음은 머리를 본다.)

30-3 (옆에서 본 모습)

25 뒤로 접는다.

26 ①약간 끄집어낸다. ②발가락을 편다.
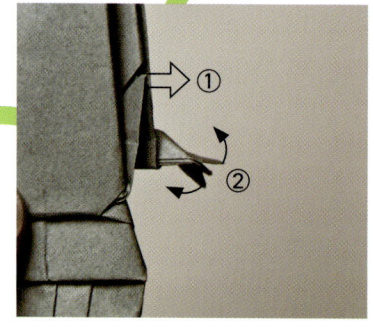

완성!

Bearded dragon

턱수염도마뱀

| 난 이 도 | ★★★★★★★ |

 ★★★★★★★ 턱수염도마뱀

도마뱀 10 부터

01 보조선대로 접는다.

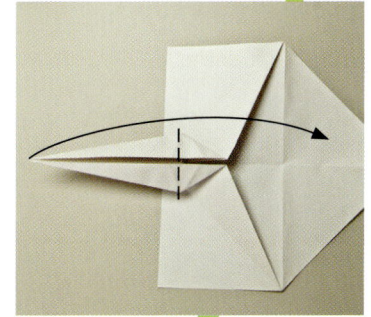

02 앞장만 펴서 왼쪽으로 접는다.

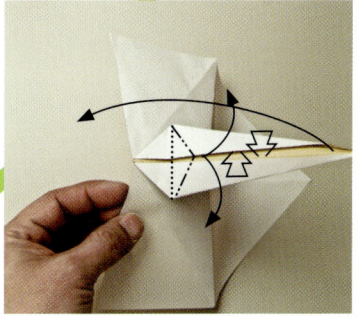

03 위로 접는다.

04 중심에 맞춰 접는다.

05 한꺼번에 중심에 맞춰 접는다.

08 끝의 보조선 두 칸을 다시 반씩 접는다.

09 보조선(A의 폭)대로 접는다.

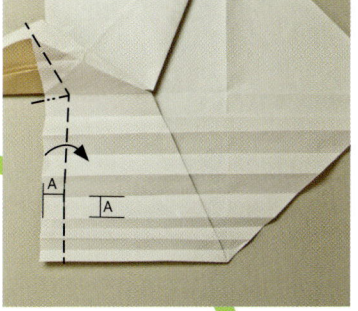

06 보조선이 생기면 편다.

07 06 에서 만든 보조선의 1/2 위치에 보조선을 만든다.

10 보조선대로 접는다.

다음 쪽으로

081

| 11 | 중심에 맞춰 접는다. | 18 | 편다. (꼬리가 붙은 부분은 사선으로 접는다.) | 19 | 뒤집어서 90도 회전한다. |

| 12 | 한꺼번에 중심에 맞춰 접는다. | 17 | 한꺼번에 보조선을 만든다. | 20 | 보조선대로 접는다. |

| 13 | 보조선대로 접는다. | 16 | 계단 접기를 한다. | 21 | 보조선대로 포갠다. |

| 14 | 윗부분도 03 ~ 13 과 같은 방법으로 접는다. | 15 | 사진의 위치에 보조선을 만든다. | 22 | 왼쪽도 20 ~ 21 과 같은 방법으로 접고 일단 편다. |

 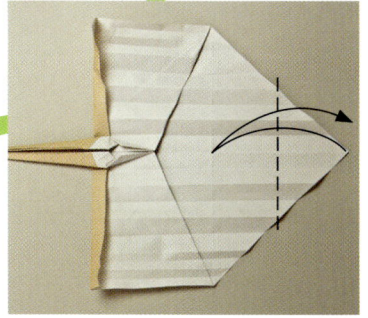 

★★★★★★★ 턱수염도마뱀

26 펴서 사각형으로 포갠다.

27 위로 펴서 보조선대로 접는다.

34 보조선대로 접는다.

다음 쪽으로

25 뒤집는다.

28 보조선이 생기면 편다.

33 뒤집는다.

24 보조선대로 뒤로 접어 모서리를 세운다.

29 보조선대로 접는다.

32 뒤로 접는다.

23 편다.

30 보조선대로 포갠다.

31 보조선대로 펴서 포갠다.

083

35 뒤로 접는다.

36 보조선대로 접는다.

37 왼쪽도 34~36과 같은 방법으로 접는다.

38 보조선과 접기 선을 이용하여 접는다. (왼쪽도 같은 방법)

42 보조선대로 포갠다. (반대쪽도 같은 방법)

41 ①윗면을 펴서 보조선대로 접는다. (왼쪽도 같은 방법) ②뒤로 접어 넣는다.
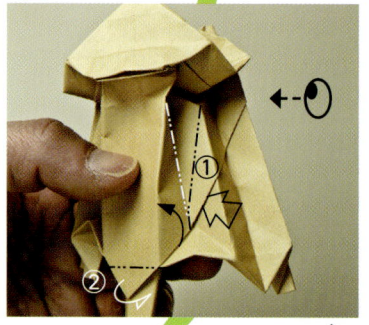

40 아랫부분을 편다. (왼쪽도 같은 방법)

39 덮는다.

43 정면에서 본다.

44 아래로 접는다.

45 펴고 위에서 본다.

46 보조선대로 접는다.

★★★★★★★ 턱수염도마뱀

50 ○표시 부분을 발 접기 A로 접는다.

51 보조선대로 접는다.

58 보조선대로 접는다.

다음 쪽으로

49 앞다리를 옆으로 접는다.

52 ①발가락을 편다.
②보조선대로 접는다.

57 뒷다리를 위로 접는다.

48 보조선대로 접고 앞다리를 들어 올린다.

53 반전한다.

56 ○표시 부분을 발 접기 A로 접는다.

47 반전한다.

54 ①아래턱을 부풀린다.
②보조선대로 접는다.

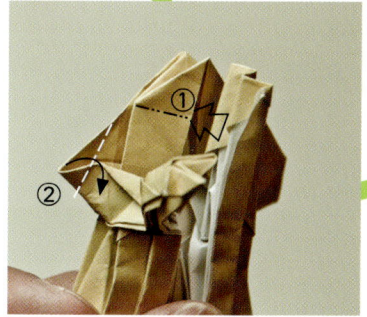

55 오른쪽도 45 ~ 54 와 같은 방법으로 접고 뒷다리를 본다.

085

★★★★★★ 턱수염도마뱀

59 발가락을 편다.
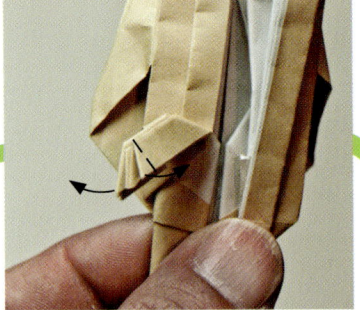

60 반대쪽 뒷다리도 56~59 와 같은 방법으로 접는다.

61 뒤집는다.

완성!
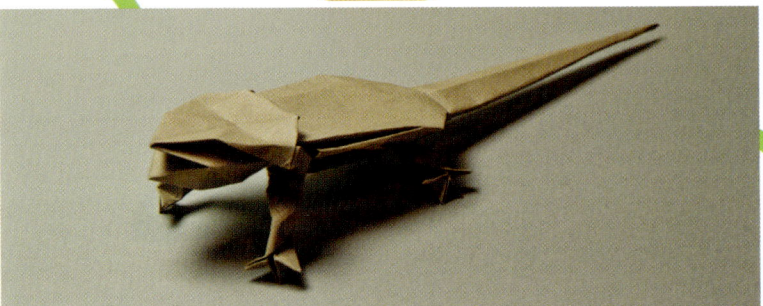

62 보조선대로 입체적으로 접는다.
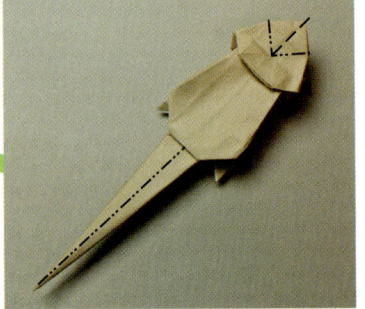

Frilled lizard

목도리도마뱀
난이도 ★★★★★★

보조선C부터

01 사진의 위치에 보조선을 만든다.

02 보조선대로 입체적으로 접는다.
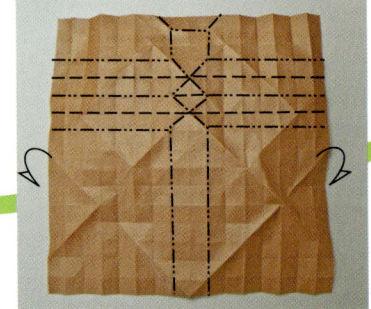

03 옆에서 본다.

★★★★★★ 목도리도마뱀

06 반대쪽도 03 ~ 05 와 같은 방법으로 접는다.

07 등 쪽에서 본다.

14 뒤집는다.

05-2 (포개는 중)

포갠 후 한꺼번에 아래로 접는다.

08 보조선을 만든다.

13 오른쪽도 08 ~ 12 와 같은 방법으로 접는다.

05 추가로 보조선을 만들어 포갠다.

09 안쪽에서 부풀리듯이 편다.

12 뒤로 접어 넣는다.

04 보조선대로 입체적으로 접는다.

10 08 에서 만든 보조선을 이용해 밀어 넣으며 포갠다.

11 뒤에서 본다.

다음 쪽으로

| 15 | 앞장만 보조선대로 접는다. | 22 | 오른쪽도 18 ~ 21 과 같은 방법으로 접는다. | 23 | 앞다리가 될 부분을 반으로 접어 올린다. |

  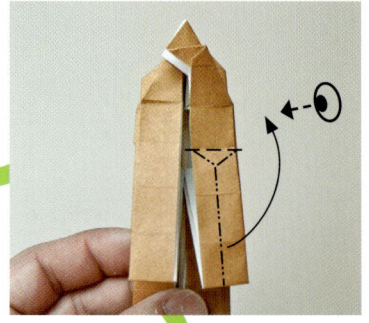

| 16 | 보조선대로 집듯이 접는다. | 21 | 안으로 넣어 접는다. | 24 | 발끝을 펴서 보조선대로 접는다. |

| 17 | 한꺼번에 위로 접는다. | 20 | 안으로 넣어 접는다. | 25 | 발끝은 아코디언 접기를 한다. |

| 18 | 앞의 한 장을 뒤로 접어 넣는다. | 19 | 안으로 넣어 접는다. | 26 | 위로 솟은 부분을 밀어 넣듯이 발가락을 접는다. |

★★★★★★ 목도리도마뱀

30 옆에서 본다.	31 각도를 바꿔 밖으로 계단 접기를 한다.	37 보조선대로 접는다.

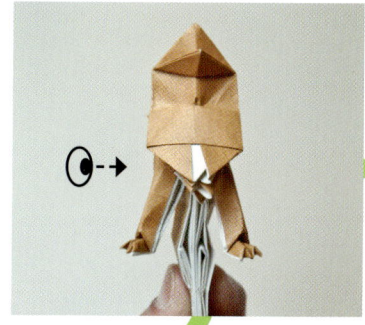 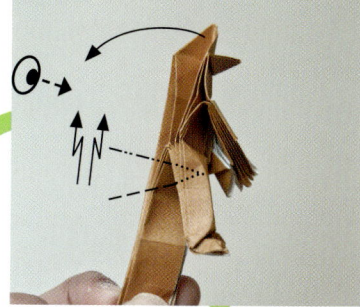 

29 몸통을 반으로 접는다.	31-2 (등 쪽에서 본 모습)	36 안으로 넣어 접는다.

28 한꺼번에 아래로 접는다.	32 뒷다리가 될 부분을 옆으로 접는다.	35 반으로 접는다.

 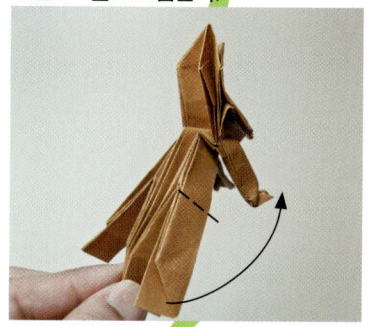 

27 반대쪽 앞다리도 23~26 과 같은 방법으로 접는다.	33 앞쪽으로 펴서 포갠다.	34 보조선대로 접는다.

★★★★★★ 목도리도마뱀

38 보조선대로 접는다.

44 -2 (펼치는 중)

45 반대쪽도 펼친다.

39 발가락을 편다.

44 접힌 목도리를 끄집어내서 펼친다.

46 약간 위로 펼친다.

40 반대쪽 뒷다리도 32~39 와 같은 방법으로 접는다.

43 덮는다.

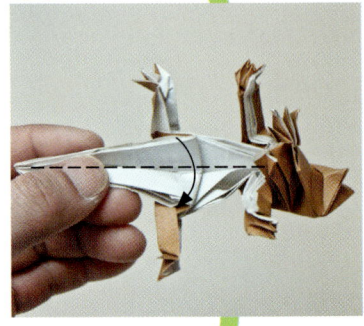

완성!

41 배 중심에 있는 한 장을 앞으로 합쳐 편다.

42 한꺼번에 계단 접기를 한다.

중심의 한 장

Chameleon

카멜레온

난 이 도 ★★★★★★★

보조선C부터

01 보조선대로 접는다.

06 옆에서 본다.

07 보조선대로 접는다.
(반대쪽도 같은 방법)

02 ① 보조선대로 접는다.
② 보조선을 만든다.

05 보조선대로 입체적으로 접는다.

08 180도 회전한다.

03 사진의 위치에 보조선을 만든다.

04 편다.

09 05 ~ 06 방법으로 접는다.

다음 쪽으로

091

10 보조선대로 접는다.

11 보조선을 이용하여 위아래에서 누르듯이 포갠다.

11-2 (포개는 중)

12 반대쪽도 **11** 처럼 접는다.

15 보조선대로 입체적으로 접는다.
(반대쪽도 같은 방법)

16 보조선대로 접는다.
(반대쪽도 같은 방법)

13 180도 회전하고 윗부분을 확대해 본다.

14 편다.

17 보조선대로 접는다.
(반대쪽도 같은 방법)

★★★★★★★ 카멜레온

21 머리 위에서 본다.

22 보조선이 어긋나게 접어 머리를 봉긋하게 한다.

29 보조선이 생기면 편다. (반대쪽도 같은 방법)

다음 쪽으로

20 화살표 방향으로 포갠다. (반대쪽도 같은 방법)

23 머리 완성. 180도 회전하고 꼬리를 본다.

28 보조선대로 접는다.

19 옆에서 본다.

24 펴서 삼각형으로 포갠다.

27 보는 방향을 바꾼다.

18 등을 집는다.

25 덮는다.

26 오른쪽도 24~25와 같은 방법으로 접는다.

093

30 보조선대로 접는다.
(반대쪽도 같은 방법)

37 뒤로 접어 넣는다.
(반대쪽도 같은 방법)

38 편다.

31 보조선대로 접는다.
(반대쪽도 같은 방법)

36 뒤로 접어 넣는다.
(반대쪽도 같은 방법)

39 편다.

32 앞으로 펴서 안쪽에서 부풀린다.

35 옆에서 본다.

40 보조선대로 접는다.

33 밀어 넣는다.

34 반대쪽도 32~33 과 같은 방법으로 접는다.

41 보조선대로 접어 덮는다.

★★★★★★★ 카멜레온

45 앞다리를 몸 쪽으로 접는다.

46 보조선대로 접는다. ○ 표시 부분을 발 접기 A로 접는다.

전부 접어보셨나요?
처음에는 어렵겠지만
여러 번 하다 보면
멋지게 접을 수 있어요!

44 앞쪽 발가락 2개는 앞으로, 뒤쪽 1개는 뒤로 접는다.

47 보조선대로 접는다.

완성!

43 보조선대로 반으로 접는다.

47-2 (접는 중)

50 뒷다리는 각도를 좀 바꿔 계단 접기 한다. (반대쪽도 같은 방법)

42 ○ 표시 부분을 발 접기 A로 접는다.

48 발가락을 앞뒤로 편다.

49 반대쪽 다리도 42~48 과 같은 방법으로 접는다.

095

자르지 않고 한 장으로 접는
파충류·양서류 종이접기

커버/본문 디자인 : 후지모토 무네지
촬영 : 시게마쓰 미사
접는 과정 촬영 : 후지모토 무네지
편집 : 주식회사 스코그 디자인

1판 8쇄 인쇄 | 2025년 07월 20일
1판 1쇄 발행 | 2017년 5월 15일

저　　자 | 후지모토 무네지
역　　자 | 신현주
발 행 인 | 손호성
펴 낸 곳 | 봄봄스쿨
출　　력 | 신화프린팅
인　　쇄 | 신화프린팅
일 원 화 | 북센

등　　록 | 제 2023-000128호
주　　소 | 종로구 사직로8길34 경희궁의 아침 3단지1309호 아르고나인 미디어그룹
전　　화 | 070.7535.2958
팩　　스 | 0505.220.2958
e-mail | argo9@argo9.com
Home page | http://www.argo9.com

ISBN 979-11-5895-070-5　13630

※ 값은 책표지에 표시되어 있습니다.

저자

후지모토 무네지　(영장류)

1967년 일본 나가사키 현에서 태어나 현재 후쿠오카 현에 살고 있다. 종이접기 작가 겸 그래픽 디자이너·아트디렉터이다. 주식회사 스코그(scog) 디자인의 대표이사로 광고 비주얼을 제작하고 있다. 2005년 당시 유치원생 아들의 종이접기 놀이를 계기로 종이접기를 시작하였고 동물, 로봇을 소재로 창작 활동을 하고 있다. 저서로는 『종이접기 동물원』, 『종이접기 레이서』, 『팬시아트 종이접기』, 『오리로보 오리가미 솔저』, 『종이접기 동물의 섬』, 『종이접기 손가락 인형』, 『로봇 종이접기 오리로보』 등이 있다.

역자

신현주

성신여자대학교를 졸업했다. 7년 동안 일본에 살며 다양한 책을 접하고 좋은 작품을 공유하고 싶어 번역가의 길을 선택했다. 바른번역 글밥 아카데미에서 일어 출판번역 과정을 수료한 후 소속 번역가로 활동 중이다.

KIRAZUNI ICHIMAI DE ORU HACHUURUI · RYOUSEIRUI ORIGAMI
Copyright© 2016 Muneji Fuchimoto
Korean translation rights arranged with MdN Corporation, Tokyo
through Japan UNI Agency, Inc., Tokyo and Korea Copyright Center, Inc., Seoul

이 책은 (주)한국저작권센터(KCC)를 통한 저작권자와의 독점계약으로 아르고나인미디어그룹에서 출간되었습니다.
저작권법에 의해 한국 내에서 보호를 받는 저작물이므로 무단전재와 복제를 금합니다.

머리

▲ 점선 따라 오려서 사용하세요

Yellow-headed poison frog

범블비독화살개구리

만드는 법 025

머리

▲ 점선 따라 오려서 사용하세요

Green and black poison frog
그린앤블랙독화살개구리

만드는 법 025

머리

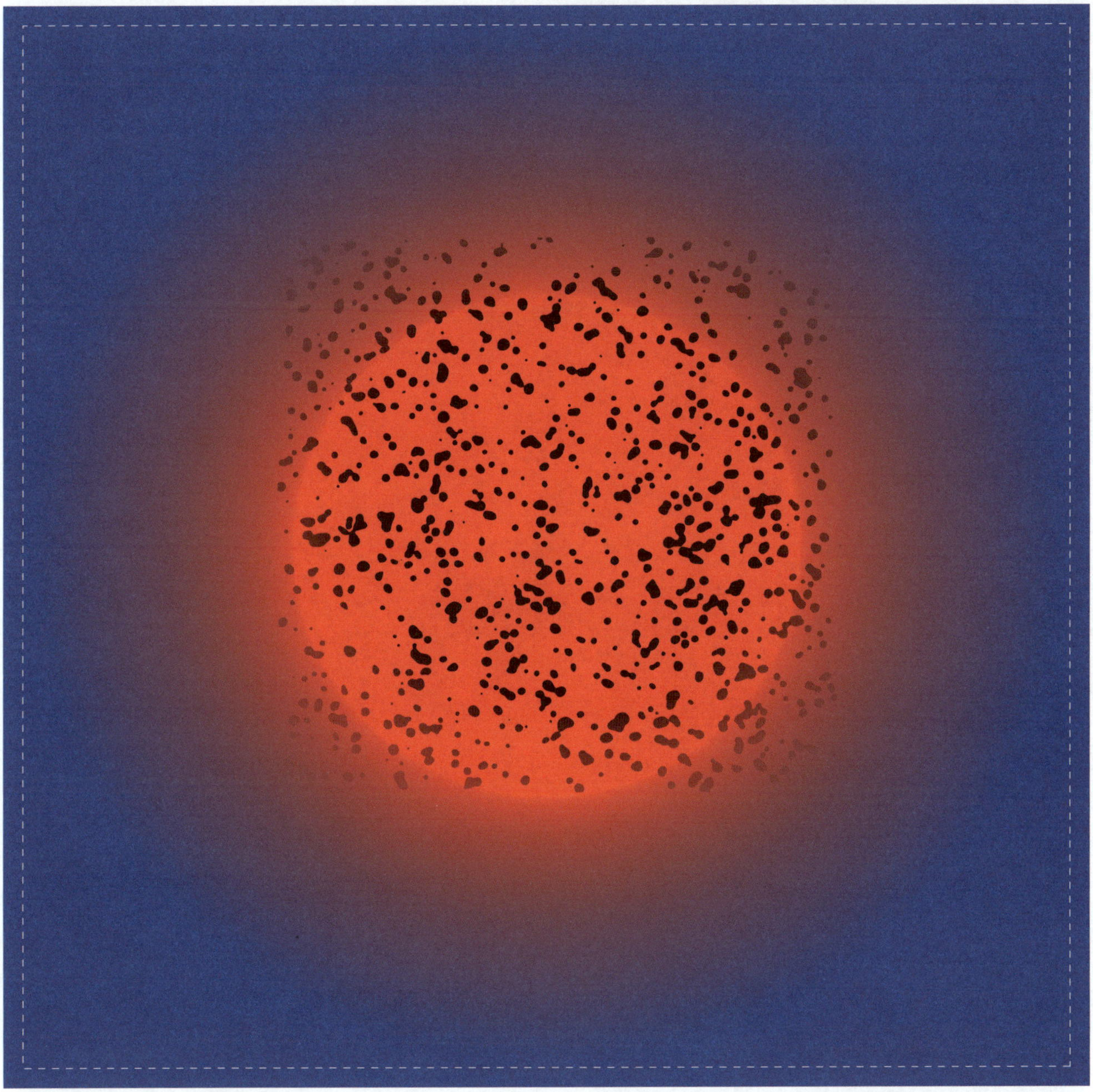

▲ 점선 따라 오려서 사용하세요

Strawberry poison frog
딸기독화살개구리

만드는 법 025

머리

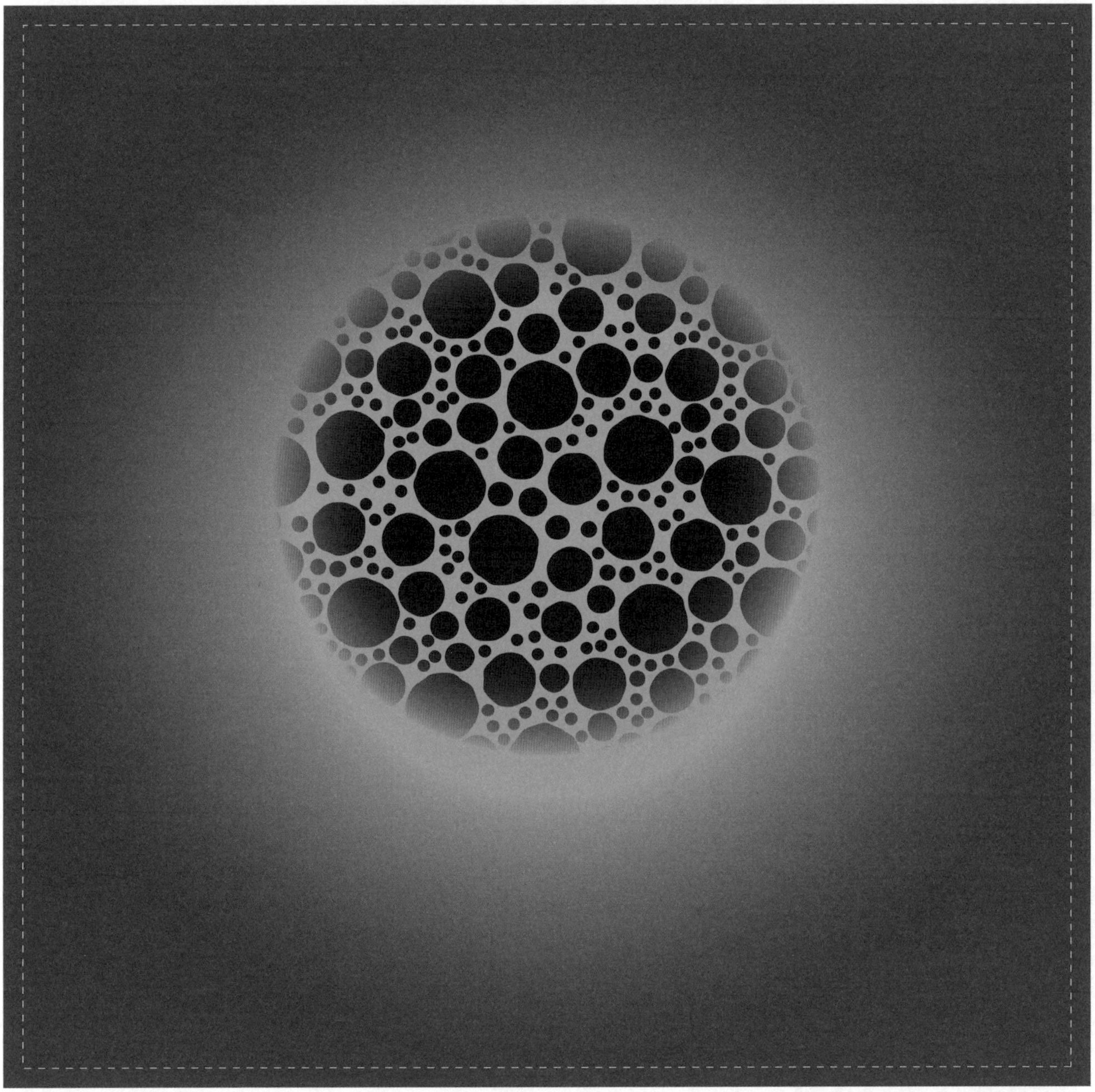

▲ 점선 따라 오려서 사용하세요

Blue
Poison Frog

푸른독화살개구리

만드는 법 025

머리

▲ 점선 따라 오려서 사용하세요.

Dyeing poison frog
독화살개구리

만드는 법 025

머리

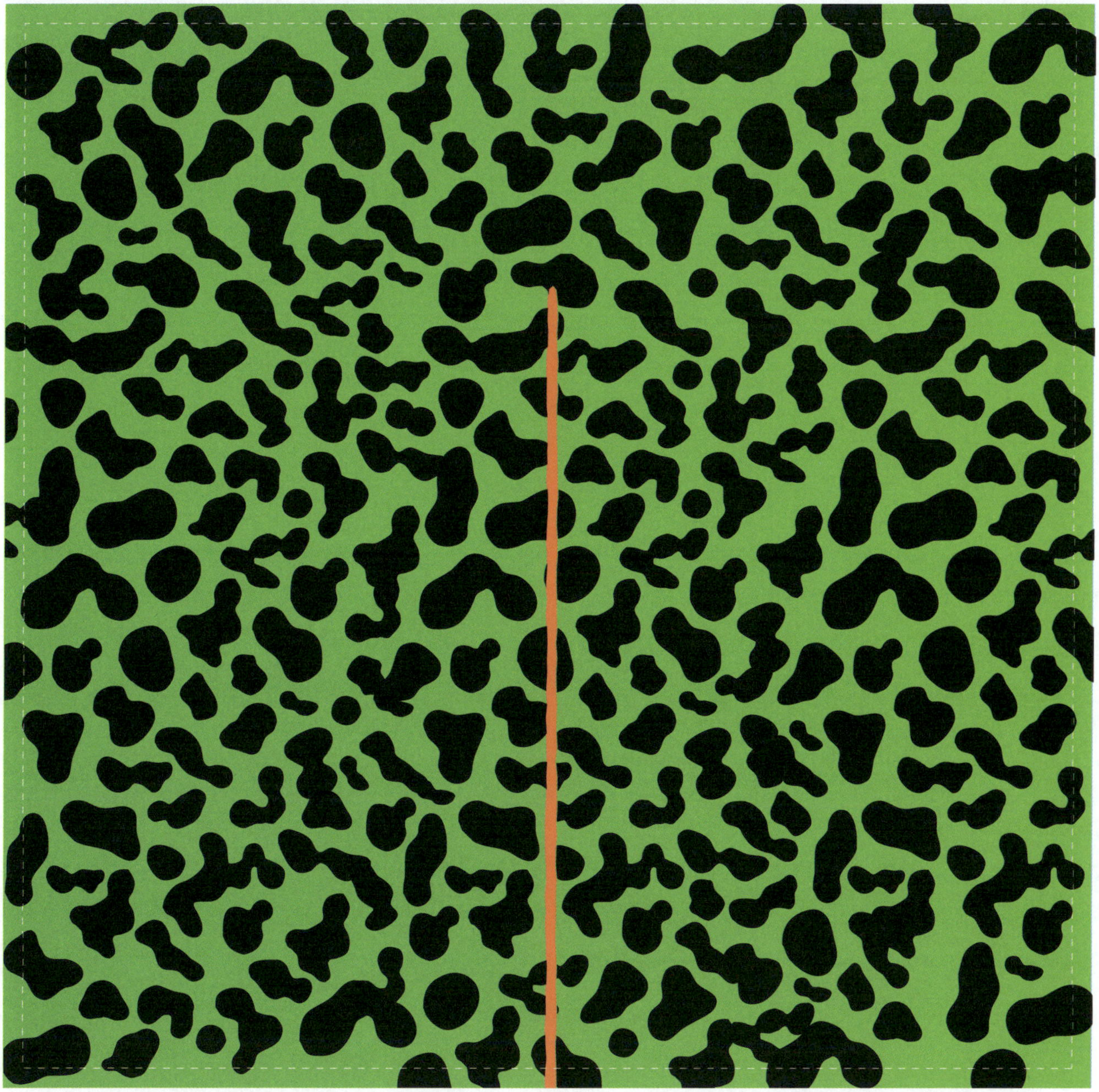

꼬리

▲ 점선 따라 오려서 사용하세요

Marbled newt
(얼룩무늬영원)

만드는 법 057

머리

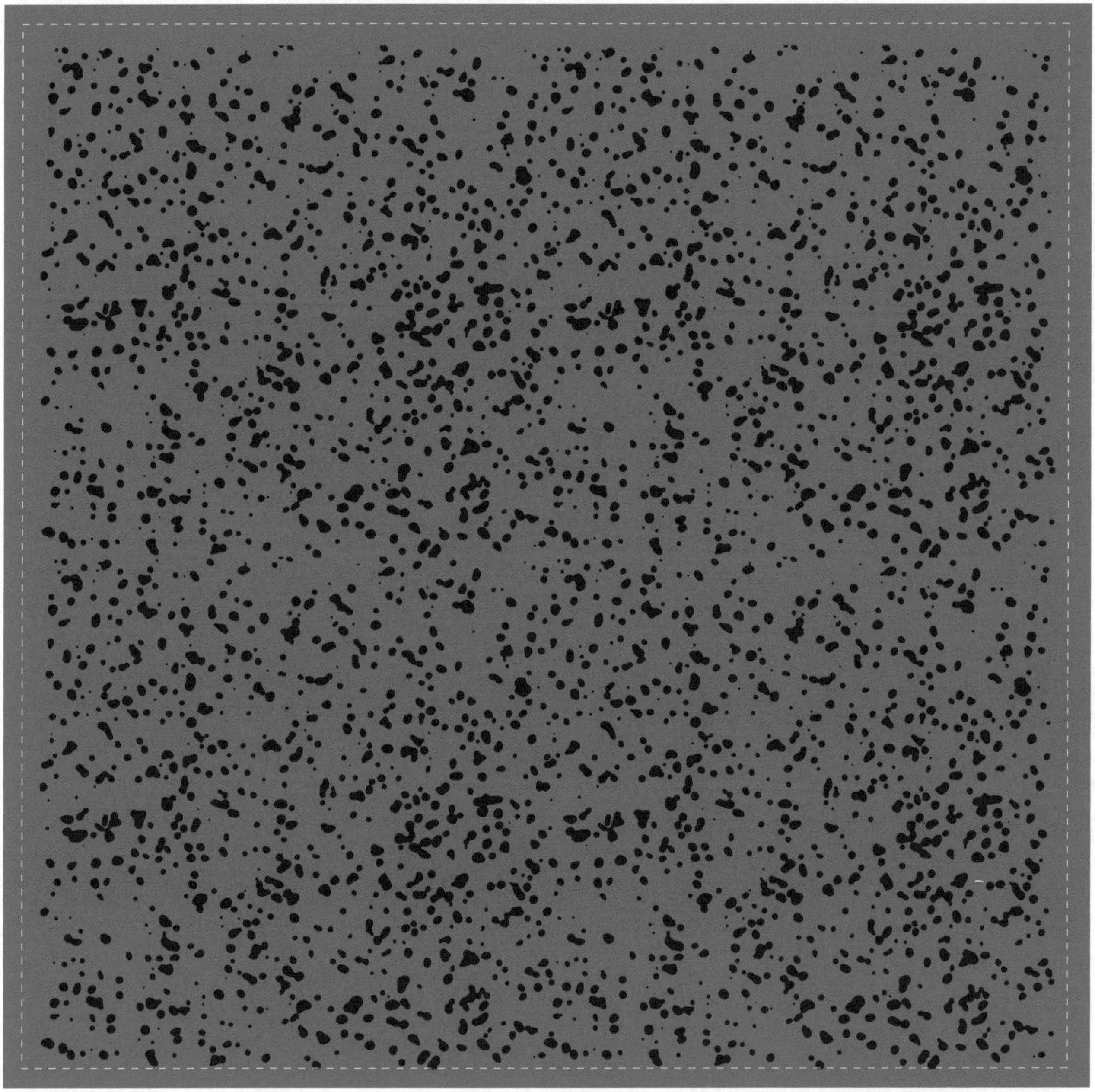

꼬리 ▲ 점선 따라 오려서 사용하세요

Red Salamander
붉은도롱뇽

만드는 법 057

머리

꼬리 ▲ 점선 따라 오려서 사용하세요

Star tortoise
별거북

만드는 법 044